济南

杨峰·主编

吕仁杰·著

寻幽探秘泺上行

古村落

山东城市出版传媒集团·济南出版社

序

XU

讲好济南故事是我们的使命

看到济南出版社重磅推出的"济南故事"系列丛书，无论是作为济南城市的建设者，还是作为在这座历史文化名城工作与生活了数十载的济南市民，我都深感高兴与自豪。

伴随着这座历史文化名城发展变迁的足音，感受着这座时代新城前行律动的脉搏，我们会感到脚下的大地熟悉而又陌生。当时光列车驶入21世纪第三个10年的历史关口，济南的明天将会怎样，想必是每一位济南人都迫切需要了解的。要知道济南向何处去，首先要回答济南从哪里来。只有了解济南的昨天，才能知道济南的明天。了解济南故事，讲好济南故事，让更多的济南人热爱济南，让更多的外地人了解济南，使之成为建设美丽济南的磅礴动力，是我们义不容辞的使命。那么，了解济南故事，从阅读这套丛书开始，应该是个不错的选择。

济南是一座传统与现代相互融合的城市。一方面，济南地理位置得天独厚，南依泰山，北临黄河，扼南北要道，北上可达京师，南下可抵江南。济南融山、泉、湖、河、城于一体，风景绮丽，秀甲一方。她群山逶迤，众泉喷涌，城中垂杨依依，荷影点点，既有北方山川之雄奇壮阔，又有江南山水之清灵潇洒，兼具南北风物之长。作为齐鲁文化中心，她历史悠久，文脉极盛，建城两千多年以来，文人墨客、名士先贤驻足于此，歌咏于此，留下无数美好的诗篇。近代开埠以来，引商贾、办工厂、兴教育，得风气之先，领一时风骚。这些都是济南的老故事。

另一方面，作为山东省政治中心、经济中心、文化中心，当前的济南正面临新旧动能转换起步区、中国（山东）自由贸易试验区济南片区、黄河流域生态保护和高质量发展三大国家战略叠加的重大机遇，正对标习近平总书记

"走在前列、全面开创"的目标要求，阔步从"大明湖时代"迈向"黄河时代"。今日之济南，围绕"打造四个中心"，建设"大强美富通"现代化省会城市，努力争创国家中心城市，统筹谋篇布局经济社会发展，大力发展大数据与新一代信息技术、智能制造与高端装备、量子科技、生物制药、医疗康养等十大千亿级产业集群，加快产业转型升级，一大批重大工程、重大项目落地投产，城市发展充满了无限生机。同时大力推进城市建设管理更新，中央商务区勃然起势，"高快一体"快速路网飞速建成，城市容颜焕新蝶变，城市品质赋能升级，城市文明崇德向善，生活在这座城市里的人们，有着以往从未有过的获得感、幸福感和安全感。现在的济南又趁势而上，加快实施公共卫生应急管理、营商环境优化、双招双引、项目建设、科技创新、城市品质提升、扩大对外开放等十二项重点攻坚行动，踏上了更为壮阔的高质量发展新征程。这是济南故事的新篇章。

作为时代变化的参与者、见证者，同时也应是优秀传统文化的守望者和美好故事的讲述者，我们有责任深入讲好济南故事，告诉世人济南的前世与今生。但也许是尊奉礼仪之邦"讷于言而敏于行"的古训吧，这些年我们做了很多，讲得却还不够。济南出版社策划出版"济南故事"系列丛书，可谓正当其时。它从多层面多角度挖掘、整理和诠释济南风景名胜、人文历史，向世人娓娓道来，并以图书的形式呈现出来，是一件有着深远意义的事情。我希望这套丛书能成为一把钥匙，为读者打开一扇门，拨开历史的风尘，带领读者穿越时光，纵览波澜壮阔的历史长卷，与往圣先贤来一场跨越时空的对话。

翻开它，我们走进历史；合上它，我们可见未来。

中共济南市委常委、市委宣传部部长　　杨峰

目录

MULU

古村落：寻幽探秘泺上行

第一章　在这里与辛弃疾相遇　/1

第二章　只因为遇见黄巢　/11

第三章　于阁老：以时间的方式书写　/21

第四章　宗祠站在历史深处　/33

第五章　在村庄叙写朱家峪　/41

第六章　梅花香远琴心古　/51

第七章　穿越时间的老僧口村　/61

第八章　娥女：在村庄之间　/71

第九章　唐王隐藏在时间中　/79

第十章　睡在云上的村庄　/89

第十一章　董家村600年　/97

第十二章　避暑山庄西捎近　/111

第十三章　探寻拔葜泉村　/119

第十四章　北渚园的叙述　/125

第十五章　用文字筑起一座村庄　/133

第十六章　一枚铜钱灰迹的建筑　/145

第十七章　明天我们去甜水村　/155

第十八章　千年南崖村　/163

JINAN 济南故事

第一章

≋

在这里与辛弃疾相遇

一

辛弃疾出生在四风闸村，因为他的存在，村子变得不普通。今天，辛家花园只残留下千年古槐，成为唯一见证。据传说，辛弃疾的仆人辛安在花园里栽下此树。辛家花园历史悠久，充满传奇，四风闸村因此闻名。千年来，这里也发生了许多变化。

我驱车30公里，来到历城区遥墙镇，这里地处小清河畔，是历史上的台侯国所在地。大约一千年前，辛弃疾夜里挑灯看剑，梦醒时听到蝉鸣响成一片。此时，北方沦陷于金人之手，清晨的柴米油盐可以填饱肚子，却填不满想要报国雪耻的心。他跟随祖父辛赞站在小清河旁，看着河水向东流去，狭长的河道留下船影，祖父长叹一声，他希望辛弃疾能拿起手中的剑与金人一决高下，完成他的心愿。祖父曾做到金朝南京开封府的知府，被封为陇西郡开国男。这个爵位可不是普通官员所能获得的，是古代贵族的封号，公、侯、伯、子、男代表等级与地位。辛赞年事已高，他虽告老还乡，但心中仍充满家国忧患。他把平生的经历用文字写下来。如今，我们虽然无从得知文字的下落，但辛赞为国为民的精神却影响着后世子孙。他把毕生学识都传授给了孙儿辛弃疾，辛弃疾早年失去父亲，祖父成为影响他一生的人。祖父的举止言谈都融入辛弃疾的血液中，变成一种力量。辛氏世系表中记载："赞公，朝散大夫，陇西郡开国男，亳州谯县令，知开封府，赠朝请大夫。"古代这种出身和地位的人又怎不会吟诗作对？受辛赞影响，小坦夫六岁便会吟诗。坦夫是辛弃疾的字，也是祖父为他起的乳名，意为孙儿一生平平坦坦。然而，坦夫小小年纪便不像是普通小孩子，心中早已立下大志。看到金人杀入中原蹂躏百姓，致使百姓家破人亡，小坦夫站在清河岸边，见祖父的眼睛里流露出无奈的泪光。庄稼地变成金人的跑马场，人们四处躲藏，辛家花园成了村民的收容地。

坦夫一身正气，愤懑之情跃然纸上："无边荒草接碧天，却无消息来归雁。中州农夫苦徭役，喋血胡马啮秋山。"辛弃疾六岁时在辛家花园写下如此有气势的诗篇，这绝不是一个例外，正是得益于辛赞的教导，他是一个了不起的人。这首诗被大诗人刘瞻赞不绝口，并被刘瞻抄到扇子上。一日，辛赞与刘瞻相聚，发现此诗，并问出自何人之手。刘瞻捋着胡须笑道，是来自小坦夫。辛赞惊叹不已，望着眼前的孙儿，他的眼神中透出特殊的才华之气。更准确地说，这首诗展现了一个时代的气魄与胸怀。辛弃疾作为北方人，看到人们失去良田，居无定所，金人的马蹄辗压过无数生命，他盼望着祖国能强大起来。在这样的年龄写出这样的诗篇，恐怕是历史上少有的。

就在那一年，辛弃疾行三叩首礼，拜刘瞻为师。师傅深知小坦夫在这样的年龄有如此胸怀，将来定能成才，精忠报国。既然拜了师，刘瞻为小坦夫起了名字"幼安"。从此，辛弃疾改坦夫为幼安。由此，济南府历城县有了"二安"之说：一"安"为辛弃疾，另一"安"为千古才女李清照（字易安）。"二安"生长在济南这片古老的土地上，他们心系国家，与民族精神联系在一起。

那天，我穿越林荫小道，并没有直接去辛弃疾纪念馆，而是去看传说中的古槐。七月，阳光透过密匝的枝叶照在红色木门上，不宽的街道两旁长满白杨树，人们扎堆儿坐在路边摇着蒲扇下棋、打牌。这种惬意让他们既失落又欣慰。失落是因他们不同于城里人，不知道理想离他们有多远，只知道期盼一年的收成，可以填饱肚子；而欣慰是因离自然很近，少了城市的喧闹。或许他们还不明白，这种生活是现在许多城里人所追求的。我来到木门前，一把铜锁阻隔了我与古槐相见。透过门缝，看到老槐树开满黄花，空气中散发着阵阵清香。花朵开了又谢了，人们来了又走了，仿佛是一场永无止境的轮回。据村里老人讲，老槐树中间部分已空，但树干很粗，三个大人伸开双臂都抱不过来。令人惊奇的是，多年的枯木竟又复活，从树干侧面长出一株新树，开出繁花。每年这个季节，槐花飘落在门前，人们一天得用大扫帚扫三四次。传说是辛弃疾赋予这棵老槐树强大的力量，它才得以重生。这是生命的本质，令人感到命运无常。木门上的春联"平安好运来，吉祥福门开"，透着喜庆的意韵。附近的村民说，从有老槐树的大院一直到北面公路，曾经都是辛家花园。现在，只

老槐树

剩下这棵老槐树。由此可见，辛弃疾成长的地方有后花园，当年辛家花园的大门一定有着一种别样的风雅。一扇门容纳了一千多年的风雨岁月，吉祥的寓意与古老的宅院在时空中共存。

我走到墙角，将镜头对准老槐树，一张照片将我带进历史中，仿佛看到昔日主人晃动着手中折扇，与刘瞻吟诗作画。

离开老槐树，我来到辛弃疾纪念馆。门口的登记人员是四风闸村的村民，他热情地接待我，并为我讲解村里的传说。纪念馆门前的一片荷塘引起我的注意，这是村民自家的农田。我忽然想到，淳熙八年（1181）辛弃疾在铅山旧居建起一座带湖庄园，取名稼轩，庄园门前是一片荷塘。莲花出淤泥而不染、纯洁美丽、无私奉献、积极向上、胸怀宽广，用这些词语形容莲花最恰当不过了。周敦颐在《爱莲说》中写道："莲，花之君子者也。"莲花生长于污泥中，却能守住洁白。与莲花相似，腐败的官场没能腐蚀辛弃疾的毅力和革命精神。中国文人把莲花作为精神崇拜，也可以说，任何一种花都无法代替莲花在辛弃疾心中的地位。这种崇拜是一种文化，浸润到辛弃疾的血液里。他爱莲，所以他居住过的地方定会有荷塘。

二

我来到院中的八角楼前，石碑上的辛弃疾四方大脸，头戴幞头，身穿圆领朝服，腰间束以革带，胡须垂到圆领处，眉宇间露出老人般的慈祥，可以看出他年轻时一定是个英俊的男人。石碑下方刻有一行字：辛公稼轩名弃疾字幼安，宋高宗绍兴十年五月十一日卯时，出生于济南府历城县四风闸村。

四风闸村，原名为四横闸，约有百十户人家，距今有一千多年的历史，村庄地处赵王河，因建有四个闸口而得名。时间如同春天的风，将小清河的水吹绿了。这里有许多美丽的人和事，河道上缓慢前行的小船、垂拂的柳枝、蔓生的野花、湛蓝的天空……人们每日欣赏着秀丽的山林水泽，人和自然本来的颜色便会显现出来。

四风闸村名字的改变和沿袭让我想到一个词"文化"。文化是什么？文化是超越酒足饭饱后的精神欲念，文化的形成离不开特定的地理环境。据《历城县志》记载："济水，自东平以下，唐人谓之清河。至宋，又有南、北清河之名。"宋朝时，清河已分为南清河和北清河，而辛弃疾就生活在风景秀丽的北清河沿岸。清河的水是柔韧的，养育出一个能文能武的辛弃疾。他的诗词雄浑豪放，又细腻温柔。可以说，他是历史上少有的集将军和诗人于一身的奇人，这一切都得益于清河这片土地。他把清河的水引进酒杯，趁着酒液流过肺腑，吟诵出胸中的诗句。

进入庭院，影壁墙挡住视线，围合的院落隔开与外界的交流，正中央有三间堂屋，两侧栽种松柏，这种院落承载着中国人对家乡的情结。从古至今，一个人无论官做到多大，最难割舍的还是老家的堂屋，那是家乡的情怀。家是一棵大树，无论树叶飘向哪里，最终都会落在家乡的土地上。令人难过的是，辛公暮年已无力回乡，死后被葬在铅山。又有谁知道，他在生命的最后时刻思念着故乡，回乡已变成遥远的梦，那是生命开始的地方。那一刻他变得柔软、沉默，目光被无奈包围着。

进入堂屋，中间立有一尊辛弃疾的铜像，墙上写着"文韬武略"。铜像塑造的辛弃疾似乎少了些当年的英气，白发被一块头巾束起，倒像是一个告老还乡的老者。风从屋内穿过，一束光照在铜像上。我站在他面前，看着他的侧脸，突然有些伤感。哲学家说，人最柔软的地方，就是当你注视对方的眼睛时，他也在注视你。我与辛弃疾目光的碰撞是在800多年后的一天，我带着他的诗词来拜见他。用现在的话来说，他是我家乡的骄傲，就像一滴露珠滋养着历城的人们。辛弃疾的存在使得村庄比文字的记载还要久远，他的一缕乡愁和一腔热血都在瞬间化作永恒。

800多年前，辛弃疾在四风闸村的宅院里赏赏花、散散步，或者躺在长椅上仰望天空，写下很多诗词。我看到堂屋内摆设着辛弃疾遗留下的唯一真迹《去国帖》影印件，其真迹藏于北京故宫博物院。这幅作品是书法史上的精品。发黄的草纸掩盖不住俊美的行楷书，字迹浑厚沉婉，又不失方正挺拔之气。辛弃疾不在了，他消失在黑色的长夜里，可是他的作品还活着，活在800多年后的今天以及未来，一张纸可以穿越漫长的岁月。此时，我多想化作一缕风去一睹它的庐山真面目，感受辛弃疾无穷的人格魅力。辛弃疾在《去国帖》中意气风发地写道：

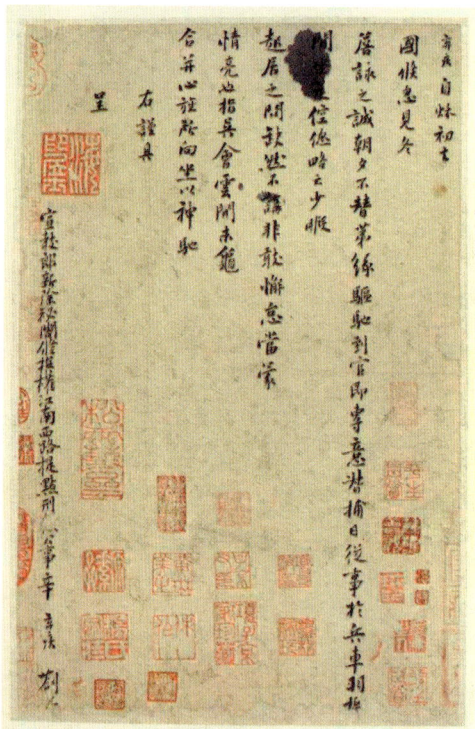

辛弃疾书法

弃疾自秋初去国，倏忽见冬，詹咏之诚，朝夕不替。第缘驱驰到官，即专意督捕。日从事于兵车羽檄间，坐是倥偬，略亡少暇。起居之问，缺然不讲，非敢懈怠，当蒙情亮也。指吴会云间，未龟合并。

心旌所向，坐以神驰。右谨具呈。宣教郎新除秘阁修撰，权江南西路提点刑狱公事，辛弃疾札子。

此帖写于淳熙二年（1175）十月，那一年辛弃疾36岁。那时的他不会想到，他的书法居然贯穿800多年的漫长岁月，被诸多藏家收藏。草纸上的红色印章显示出藏家对作品的热爱，正因他们对书法如此迷恋，视若珍宝，才将这一佳作保存至今。应该说，这些藏家是传承历史的有功之臣。这些藏家依次是项元汴诸印、海印居士、原素斋、杨氏家藏、黄琳美之、松雪斋、琳印、休伯以及清高宗弘历皇帝十一子成哲亲王诒晋斋图书印。

爱新觉罗·永瑆，别号诒晋斋主人，是清朝著名的书法家、收藏家，与翁方纲、刘墉、铁保并称为乾隆四大家。他的藏品中宋朝时期的书画居多，其中辛弃疾的《去国帖》就曾藏于成哲亲王的诒晋斋。他收藏《去国帖》不是因辛弃疾是南宋时期的著名书法家，而是为辛弃疾独特的人格魅力和非凡成就，这是一代武将罕见的墨宝，笔意略显苏黄遗规，豪纵中尽显温婉自如，他把对世界和生命的认识全部容纳进笔墨中。黑与白变幻之间，勾画出人生的风云变幻和聚散离合。这样的作品正切合了成哲亲王的口味，他一遍遍打开又卷起，望着窗外凝视，品味着艺术的意蕴，思索着是谁给他们提供了滋养的土壤。

我站在堂屋里，看到辛弃疾留下的文字，感受到一种强大的力量穿墙而过。那些久远的文字跨越近千年，以纪念碑的方式留存。我知道他曾来过，并且从未走远。

三

光穿越宅院，钻过老旧的墙，岁月在光线中浮动。我置身辛公故居，感受到大地上的事物被岁月篡改。看到墙上一张老照片，上面写着稼轩旧基，灰色的小瓦屋顶，土坯墙，木质门前长满荒草。不像人们传说中的辛家花园，更像是普通民居。据文字记载，1196年带湖居处被烧，旧居遗存下来的只有地基上的一排青石，看上去已被时间磨得圆滑。我问村里的老人，还有旧时的照片吗？老人的眼神里流露出忧伤，那个年代能吃上饭就不错了，怎么还会有照片？穷苦都被印在脑子里了。我看着眼前的石头，想象着辛氏家人建立老宅添砖加瓦的每一个动作，每一片青砖和小瓦都接受过主人的注视。我无法确认，这样矮小的房屋是否确实是辛家花园旧时的面貌？

辛弃疾所传承的家族中最好的基因就是仇恨腐败，俭朴是辛氏族人重要的家风，也是中华民族的美德。或许辛家花园并不是想象中气派的老建筑，而辛氏族人本身就是朴实敦厚的乡里人。又有谁知道辛赞放弃陇西郡开国男的豪宅，回到故乡建立村居，与村民们共存共荣？于是，辛公的词里有了"茅檐低小，溪上青青草。醉里吴音相媚好，白发谁家翁媪？大儿锄豆溪东，中儿正织鸡笼。最喜小儿亡赖，溪头卧剥莲蓬"。

草屋的茅檐又低又小，溪边长满小草，含有醉意的吴地方言，听起来温柔又美好。大儿子在溪东边锄草，二儿子编织鸡笼，最令人喜爱的是淘气的小儿子，他正趴在小溪旁边的草丛里，剥着刚摘下的莲蓬。这样的生活画面，表达出辛弃疾对田园生活的向往。由此，他想起童年在四风闸村老院子里采摘莲蓬的日子。他只有面对田园、草屋时才会在心里进行真正的独白，老房子似一盏灯，照亮他在铅山的日日夜夜。

从一张旧宅老照片到《清平乐·村居》，让我产生奇特的想象：所谓辛家花园是人们赋予它在历史中的地位，而并非碧瓦朱甍、层楼叠榭的花园建筑。很多年中，我都想去铅山看辛公，看稼轩庄园，看他如何蘸着瓢泉的水书写思念家乡的诗句。辛公胸贮万卷，距今现存诗词600多首，是存词最多的诗人，有"词中之龙"的称号。他与苏轼合称为"苏辛"，苏轼现存诗词只有300多首，无论从数量上，还是质量上，辛弃疾似乎都略胜一筹。通过如此大的创作量，我们不难判断出，喜爱诗词创作也是辛弃疾远离腐败官场的原因之一。

我们喜欢辛弃疾的词，其实更喜欢他的人，他的故事在村子里传诵，为后来的人们带来浩然正气，在中华文明的链条上写下时代的印迹。他是历史上的文学巨匠，人们借助他的才华与影响，以他的名字建立起稼轩学校。从四风闸村一直往南至工业北路，被命名为稼轩路。稼轩中学是山东省名校，每年升学率都在全省名列前茅。辛弃疾仿佛是天空中的花朵，散落在历城大地上，呈现出时代气象。似乎每一个稼轩中学的孩子，都到达过宋代，与辛公对过话，他们一转身，又回到现实，进入了一个更大的空间。

宋高宗绍兴三十一年（1161），辛弃疾聚众三千人马，参加耿京领导的抗金义军，为掌

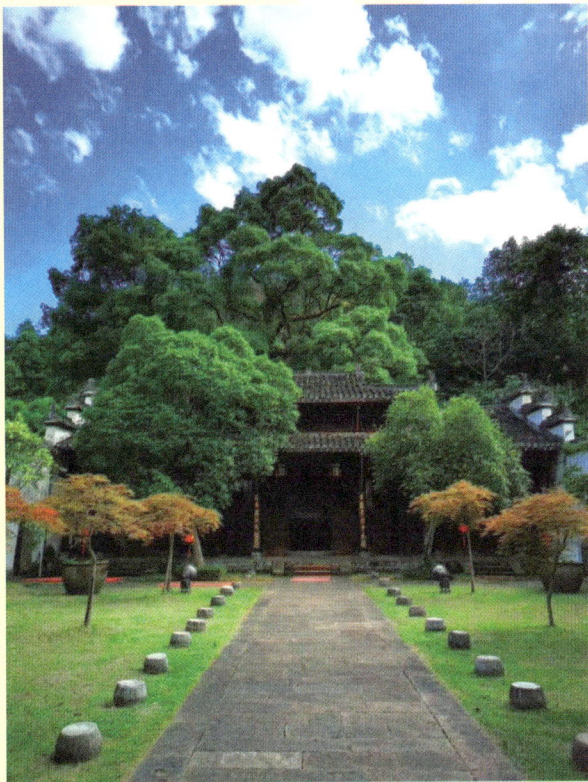

辛弃疾铅山故居

书记。第二年，耿京被叛徒张安国杀害。辛弃疾认为此仇不可忘，不杀张安国不足以平人愤。于是，他带领五十骑兵，生擒张安国。这次小战坚定了辛弃疾抗金的决心。他率领义军渡淮南归于大宋。没想到，这成为他亲征的开始。归宋后，辛弃疾起初任江阴一带官府选派的京官，掌诸案文移事务。

这时是辛弃疾人生中最顺利通达的时候。到宋孝宗时，官府命他任建康掌管粮运、家田、水利和诉讼的通判。运粮是军队中的重要差事，但当时南归已经七年，小小通判不能完成他复国抗金的抱负，他时刻为国家的前途担忧。建康曾为六朝古都，在辛弃疾看来却徒有空名。他难过的是，朝廷为什么不利用建康城有利的地势抗击金兵，而是一味享乐？他登上建康亭，写下直抒胸臆的诗句：

我来吊古，上危楼，赢得闲愁千斛。虎踞龙蟠何处是？只有兴亡满目。

辛弃疾心存远大志向，一个异乡人独自闯荡江南，却被人排挤。原因很简单，北方人性格直率粗犷，在他乡没有亲朋好友，也就是我们现在所说的朋友圈，仅凭一腔热血，他又如何立足？建康城与济南府大不相同，存在地域文化的差异。当辛弃疾豪放地迈进建康壮丽巍峨的宫殿时，他在济南的生涯便画了一个句号。

辛弃疾是当世难得的文武全才，他以恢复中原为志。身处宋朝那样一个时代，当回乡变得遥远，他的思乡心切谁又能体会得到？我想起辛公的诗句：

敧枕婆娑两鬓霜。起听檐溜碎喧江。那边玉箸销啼粉，这里车轮转别肠。诗酒社，水云乡。可堪醉墨几淋浪。画图恰似归家梦，千里河山寸许长。

两鬓白发苍苍，即便生活在水云之乡，内心的凄苦又有谁知道？归家变成遥远的梦，他日夜思念的故乡不知是否沧桑，他似乎很难再与村庄发生任何联系了。四风闸村的老院子里那棵古树将根扎向大地深处。家是一棵大树，把人的思想、回忆和梦想融合在一起，变成强大的力量，这力量给村庄带来不同的生命活力。

走出堂屋，站在辛公旧居门口，我仿佛看见老屋中坐着一个清瘦的人，那人就是辛弃疾。他的后半生一直都在回乡的路上，路上没有同行者，唯有酒和诗篇在安静的夜里陪伴着他。他是孤独的，孤独得只剩下朗朗上口的诗句。这种孤独唯有大地和天空知道。他想问问大地，人生是否有宿命？无奈之下他把他的肉体留在铅山，而将他的灵魂藏在四风闸村的小巷里。辛弃疾的生命结束了，而他的传奇故事并没有结束。有一天，他会看到锈痕斑斑的大门前，长出一抹青色，院子里松柏翠绿，鲜花簇拥，一代代后人在这里与他相遇。

JINAN 济南故事

第二章

只因为遇见黄巢

一

　　我把黄巢水库当作行程的终点，这里最早可以追溯到公元878年，是那场农民起义开始的地方。山上的老农为我提供了更多的道路信息：沿黄巢村继续往南走，进入小黄巢村、裁缝峪、车子峪村、菜峪村。穿过村庄，我不知道还能走多远，感觉浑身凉飕飕的，对这里充满恐惧。死人沟，一个多么令人感到可怕的名字！这里是黄巢农民起义作战和殉难的地方，有多少人叠压在泥土中，变成历史中的数字，隐藏在泰山背后的崇山峻岭之中？

　　黄巢村不是一座简单的村庄，这座被历史浸泡了1 000多年的古老村落，见证了黄巢的英勇。悲壮的结局不是黄巢村的结束，而是开始。

　　我至今仍对那片土地记忆犹新。从远山向它走近，看见晨光披挂在它的身上，芦苇如同一股麦浪向我靠拢。我隐隐觉得，有种声音进入我的脑海，里面混杂着山水、鸟鸣、田野、老牛、农民、利箭、车轮、呐喊。它们混合在一起，被雕刻进石碑里，成为黄巢村的纪念地。

　　在这里，地名首先作为文化符号存在着，它跟社会历史背景有很大关系。据说，裁缝峪曾是为起义军做军服的地方，菜峪是种菜的地方，车子峪是存放战车的地方。这些名字都以历史的方式存在着，并延续至今。

　　我沿着山路继续前行。根据百姓的叙述，黄巢村有300户人家、1 000余人。在唐朝，这个村子叫黄草庄，周围村民称这里为大黄草峪。正如他们所述，大山背后长满黄草，人们上山打草、弯腰打捆，如同麦收时节，成为山上的一道风景。现在，村子里很多老人依然将这个村子称为黄草庄。

　　明崇祯《历城县志》记载："锦阳川路，黄草。"清乾隆《历城县志》记载："东南乡仙台六，黄草庄。"从黄草庄到黄巢村，这两个名字不仅有历史记载，还有人们口耳相传。汉字与语言记录下的历史与人们血肉相存，它以特殊的角度反映出村子丰富的历史内涵。

　　当我写下这些文字时，眼前浮现出一幅画面，湛蓝的湖水把大山分成两半，唐朝像风一样从湖上穿过，湖畔蓝色瓦房对应着蓝天，饱满的湖水如同镜子般照出历史中的每一个汉字。

875年，冲天大将军黄巢率领万人农民起义，从山东出发，南到广东，西至陕西，转战大江南北，在长安称帝。于878年一路往东，进军泰山之阴黄草庄，在此安营扎寨。唐军猛烈追击，黄巢决定带领义军在黄草庄北与敌军决一死战。最终却因寡不敌众，义军全军覆灭，黄巢自刎，鲜血染遍水库，他把悲壮、英勇、号叫都抛向闪闪发光的刺刀。

然而没多久，黄巢的外甥林言准备东山再起，卷土重来，他血气方刚想为舅舅报仇雪恨，设计假降于唐军。林言抱着黄巢的头颅，投降唐将军，却不曾想中了尚让的奸计。尚让身穿盔甲，手持刺刀，仰天大笑道："你不仁、不孝、不忠、不义，我们岂能容你，割去你的头颅示众三日，以示军威。"说着，他挥起长刀，将林言的头颅砍下。尚让拎起头颅，前去请功。

瞬间，黄草庄的天空被鲜血染红，唐军如潮水般从黄草庄退去。村子又恢

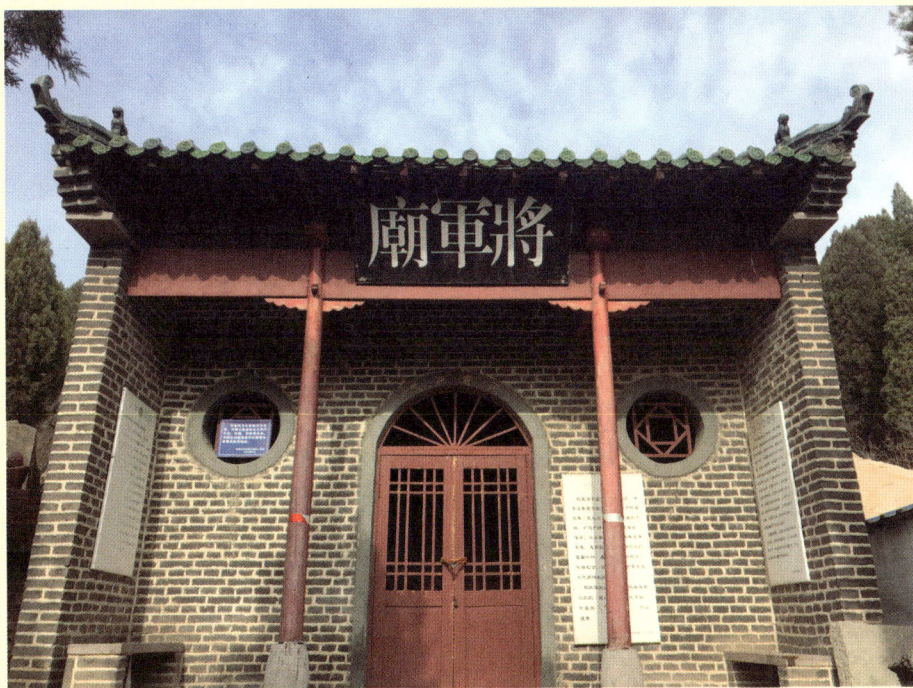

将军庙

复往日的平静，山坡上依然留有黄巢的大旗，它飘扬在山间，唱出一曲哀怨的歌。时至今日，每逢大旱，村民们便把黄巢大旗竖在将军庙门口祈雨。

此时是初冬，风呼呼地刮着，我往山上望去，除了我，没有一个人影儿，山上的怪石形成一幅发黄的古画。这里的山不像北方的山，它灵秀、蜿蜒，与散落在山间的人家构成冬日里的另一种美。石壁上刻画出农民起义的壮观。黄巢曾立下军规，不能抢夺百姓财物，此举深得民心。起义军的初衷是击垮腐败的朝廷，消灭门阀士族。战争没有取得胜利，黄巢把期望寄托于这座大山，山上曾留下战士们的呼喊声、号叫声。故事隐藏在大地与顽石中，成为人们的记忆。

将近1 000年以后，我来到昔日的战场，站在庙前，绿色琉璃瓦下，"将军庙"3个字显得庄严凝重。庙宇两侧各开一扇圆形小窗，拱形正门上写着："气冲霄汉"。可见，黄巢大无畏的精神和气节占据了村民的内心。这里地势险峻，不易运输砖瓦，为了纪念黄巢义军殉难，人们用手把石块搬到此地，在死人沟建起将军庙。庙宇始建于888年，千余年来供奉着黄巢画像塑身，人们顶礼膜拜，供奉香火，期待他能显灵，这里成为当地人们倾诉苦恼、寄托希望的场所。

据《旧唐书》记载，黄巢，山东菏泽人，自幼饱读诗书，五岁便可对诗，擅击剑骑射。他的《不第后赋菊》至今被吟诵：

> 待到秋来九月八，我花开后百花杀。
> 冲天香阵透长安，满城尽带黄金甲。

可见，黄巢文韬武略、不同凡响。但在进京科考中，他屡次受挫，科考失利增加了他对社会黑暗和吏治腐败的痛恨，于是写下此诗。他把自己比作菊花，以冲天香气写出非凡气势。这也不难想到，他攻下长安，号"冲天大将军"是从何而来了。百花遇霜凋零，唯菊花开放，暗示出黄巢此时已有发动农民起义的想法。农民起义一旦爆发，腐朽的唐王朝就会像百花遇霜一样，成为枯枝败叶。如果他是一位诗人，一定是一位伟大的诗人。菊花不是一支，而是无处不有。长安城披上黄金甲，屹立在飒飒西风中，傲然怒放，这是何等的英气！

历史学家认为，开元末年之后，朝廷追求享乐，日趋腐败，边疆形势日趋紧张，黄巢发动农民起义，直接导致唐朝失去半壁江山。他领导的起义，鼓舞了农民的士气，成为战争的转折点，加快了唐朝的灭亡，在唐末战争史上具有划时代意义。

黄巢的精神世界有着截然相反的两面性：一方面，黄巢才华横溢、英勇果敢；另一方面，他铁血无情，在战争中以人尸为军粮。他温暖如春般对待农民，残酷无情地对待敌人。村民们认为，拥有这种性格的人才能称帝，才能一心为百姓着想。黄巢五岁赋诗，不是所有人都可以；他发动农民起义，瓦解旧日朝廷，也不是任何人都可以做到。人们祈求子孙有黄巢这般才华和志气。这样一来就不难理解，黄巢村的村民们为什么1 000多年来一直崇敬他、祭拜他，并将其作为寄托希望的精神殿堂。

那一天，我踩着粗糙的石路，想象着黄巢骑着骏马从龙潭边踏过的情景，空中响起战马的蹄声和嘶鸣。眼前是黄巢水库蜿蜒的部分，宛如一条巨龙盘卧在山中，村民们把这条河称为"龙潭"。几只白鹅站立或蹲坐在水边，梳理白色的羽毛，水面泛出一圈圈儿水纹。村民们在这一带打水洗衣，孩子们嬉戏玩水，他们向一代代人讲述着口耳相传的故事。

从一个传说、一种想象，慢慢地，在龙潭的迷雾中还原历史的真实。龙潭，一湾古老的水，就这样在岁月的长河中以超强的生命力诉说着黄草庄1 000多年的风雨岁月。

传说，唐兵一路追击到黄巢村，逼得农民起义军无路可退，惊动了龙潭里的水伯。潭边长满丰茂的艾草，艾香在空气中如云絮一般地结成捆儿、打成滚儿、堆成堆儿，散发出浓烈的味道。水伯牵风引雨，风和雨在龙潭边与大地上野艾的香气在空中扭结、厮缠，形成了潭边独有的自然气候。

水伯化作仙女来到兵营，她身上轻轻的薄纱像蝴蝶透明的翅膀，可以被一缕风吹得很远。唐兵看到丝带飘飞的仙女纤尘不染、高雅脱俗，纷纷上前追赶。当追到龙潭边时，见仙女站在水中招手，唐兵向水中跳去，淹死在龙潭里。

水伯站在岸边，手持龙头杖，用长袖轻抚水面，水面泛起朵朵浪花，最终奔涌成波澜壮阔的大河。一股强大的力量将一切在瞬间化为永恒。

龙潭又恢复往日的平静。

水伯的出现改变了这一切，它使农民摆脱唐军的控制。自从水伯出现，黄巢村的村民称他为"龙潭神"，村民们习惯叫他"水神"。

我来到龙潭边，河水平静得如同一面镜子，把村子里红色的房顶、灰色的

黄巢村边水库

砖瓦倒映在水中，几位妇女蹲在岸边用木棒敲打石头上的衣服。

面对这些民间传说，我们已无法辨识哪一个更接近乾符五年最初的故事，但这已经不重要了，乾符五年就这样在历史的长河中容纳了1 000多年的风雨岁月。时间篡改了黄巢村大地上的事物，我无法想象，它曾经真实地存在过。

<h1 style="text-align:center">二</h1>

黄巢死了，但他的故事还流传着。很多年后，我想写黄巢，写他在泉城这块土地上留下的印迹。

我去了黄巢村，没有遇见黄巢，也没有看见黄金甲。

在古代，很少有人如黄巢那样，一路领军南下北上，却最终落得个自刎。黄巢缘何而败？历史记载没有给出明确的解释。

乾符五年（878）五月初一，黄巢从安徽东进，一路攻进江苏镇江。他选择初一出发，义旗飘荡，一路杀进杭州，差点儿中了唐军的圈套，最终选择在镇江境内撤出。历时三个月，攻进杭州城内，烧毁官府文书。值得思考的是，战争虽然激烈，黄巢却保留下俸钱和白居易的诗文。

金钱与远方，一个现实，一个高远，彼此补充。立足现实，让他更好地活着，但黄巢心中还有诗与远方。

他的个性里掺杂着明净、高远与潇洒。他内心的尺度要用万里去测量。

九月，黄巢攻占绍兴，又一路开山路700里，攻向福建诸州。那一路，没有眼泪，没有诗，只有远方。

他走了多少路，历史中无法找出答案。但这里，山东济南，无疑是从谜团中拔地而起的一个真实的地方。

村子依潭水而建，草木依潭水而繁衍。随着时代的发展，人们对黄巢这个人物留下很少的评价，也很少关注这段历史，但是这里的风俗却一直保留到现在。当年黄巢村的村民在端午节门前插上艾草的风俗延续至今，甚至全国大多数地方都有这个习惯，但是风俗是否是从黄巢村开始的，这个隐藏进时间深处的问题恐怕要留给历史学家去研究了。

传说，黄巢村一带在端午节这天门前插艾草，是观世音菩萨知道黄巢造反，来检验他是为人民起义，还是滥杀无辜；他的心是宽阔的，是向佛的，还是想利用起义拼命建立自己王朝的。

那是一个黎明，山间的小路湿漉漉的，静的只能听见鸟鸣的声音。菩萨微闭双眼，双手合十，变身成一个老妇人，弓着腰，驼着背，身上穿着破旧的衣衫。肩上的小孩子使劲搂着她的脖子，她手里领着的大一点的孩子不停地喊饿。黄巢带着一队人马，见老妇人挡住去路，便亲自下马问清缘由。老妇人对黄巢说："家乡遭洪水，我带两个孩子一路讨饭到此处，只留下半条命。你若想杀我，尽管把命拿去，但请先杀掉我背上的小孩子。"黄巢诧异，问老妇："为何要杀掉小的，留下大的？"老妇说道："小的是我自己的孩子，大的是别人的孩子，而你杀我和自己的孩子时，大孩子可以乘机逃走。"黄巢收起刺刀，跪在老妇人面前，顿时恍然大悟。菩萨见他是个为民着想的人，心中暗喜。黄巢在身边扯了一把野艾，跪在老妇人面前说："明天一早你把艾草插在大门上，我的将士看到门上的艾草，一定不会动你们一根汗毛。黄某举旗造反，是为推翻朝廷的黑暗统治，还百姓一片天地，决不滥杀百姓。"

观音菩萨把黄巢的诺言告诉黄巢村的百姓，老百姓听后不再害怕这些起义军，他们纷纷走出大门告诉邻里。就在端午节这一天，黄巢村的百姓门前都插上了艾草，起义军路过时从无冒犯。恰恰相反的是，那些土豪劣绅以为把荒山野草挂在门前有失身份，笑话百姓。义军走到豪宅门前，毫不留情地抢夺了剥削百姓的土豪们的钱粮，将其分给村里的百姓们。

一种野草给予那个时代美好的意义，发出千年的艾香，一直传承至今。

其实，时间并没有改变它在人们心中的地位。早在晋朝时期，《风土志》记载，每逢端午节，人们把艾草扎成人形，编织成虎形，挂于门上。这样的编织物件叫"艾虎"。妇女们在端午节这一天开始把"艾虎"别在发际线上，男人则将"艾虎"佩戴于胸前或腰间，寓意祛病保平安。在民间，人们认为艾草有招百福的作用，把艾草挤出汁液放入墨中，写出对联："手执艾旗招百福，门悬蒲剑斩千邪。"千年后，人们在挂艾草的同时，是否还记得这古老的方式？

我的家乡也有这个习俗。端午节时，附近乡下的农民担着艾草进城，早市上艾草新鲜，枝叶上还挂着清晨的露珠。人们只把它当成避邪的物件，却很少有人知道这种植物蕴藏着千百年来的历史文化。人们常把艾和蒿混为一种植物，有时连采摘艾草的农民也经常被艾和蒿的外表所迷惑。

艾草，叶厚纸质，表面覆盖一层灰白色短柔毛，叶呈三角形菊叶状，香气浓烈，侧根居多，耐旱，繁衍能力极强。古人称它为冰台草，嫩叶可食，叶子老了可以制成绒，并且被中医用作活血祛湿的针灸良药。西晋《博物志》记载："削冰令圆举以向日，干艾于后，承其景则得火，故曰冰台。"艾草青白相溶的独特色调，正是冰清玉洁的象征，代表着高尚和纯洁。

《诗经》记载："彼采艾兮，一日不见，如三岁兮。"被人们诵读了几千年的诗经中，爱人相隔一日，如同分离三秋，艾草不过是山中的野草，却惊艳过代表相思的红豆。艾草像阳光下一抹透明的绿，穿越木质的门扇，落在爱人的脸上。它默默地散发着芳香，融进平淡的岁月里。

我家附近的虞山上长满艾草，以前奶奶带我们姊妹三个去山上打艾，我们习惯把"割"说成"打"，山上杂草多，要先用镰刀打出一条路，才能继续上山。奶奶说，艾草铺拉着长，一粒种子能长出一片青山。在山上，这不是什么稀罕物，但是拿到山下集市上，人们便围上来，挑选叶枝最厚的一株带回家。山下的艾草不如山顶上的长得好，山上空气通透，有山水流下，还有醉人的花香。我们一路向上爬去，希望能在端午节前打到最好的艾草挂于门楣。

我和姐姐发现一片深洼中的野艾，叶子饱满得泛着油脂，我撸了一把，香气在山中漫延。曾经的荒山现已修建成了虞山公园，供人们晨练。当我站在山顶向山下望去，一片青山不再有艾草，也很少有人去山上打艾，艾成为大棚里的产物。现在，我终于知道，艾草才是大山的味道。

今年端午节，我和往年一样，在集市上买了一把艾草，挂于门前。抚摸着这把艾草，味道中少了些当年的浓烈。艾草像一个流浪者，来到我的门前，我想起龙潭边的野艾，绿色的血脉中是否流着黄巢的水分子。

黄巢的名字与这片土地有共同点，他们都姓"黄"。黄土地生长出绿色的植物，傍着潭水而去，养育了村子。千百年来，黄巢村的人们每天喝着地下的泉水，每一个水分子似乎都飘荡着黄巢的影子。由此，也形成了黄巢村特殊的文化背景。

今年端午节，我又来到黄巢村，去龙潭看水边疯长的野艾。蹲在龙潭边折下一枝野艾，它散发出一股浓浓的野香味，汁液渗进我手上的每一根纹路里。当我闻到冲鼻的野香味时，想到黄巢当年扯下野艾。他把自己当成大地上的野草，这种野草生命力极强；他要依靠人民才能取得胜利，让人民过上好日子才是他想要的。

同样都是艾草，长在不同的地方，味道不同，它们吸收的文化也不同。这里的艾草是一种吉祥的草，代表着黄巢村美丽的人们。几千年里，艾草的存在无疑是一场爱的旅行。

我站在龙潭边，刚好有风吹过，里面掺杂着野艾和苔藓的味道，在空气中弥漫，渗透进缓慢的时间里。

JINAN 济南故事

第三章

于阁老：以时间的方式书写

在村子里，我目睹了帝王之师家族的存在，留存的碑文以直观的方式呈现出于慎行整个家族繁衍的过程。400多年了，于慎行一直活在平阴的村子里。村里老人周慧杰说，万历皇帝为了纪念他的老师在这里种下63棵白皮松，这是极为罕见的树种。高大的树冠犹如巨伞，撑起一片天空。我在老人的引导下来到于林，古老的白皮松见证了村庄的历史，因而略显沧桑。我捡起脱落的树皮，这种树皮白褐相间，呈斑鳞状，引起我浓厚的兴趣。树皮上布满灰色斑点，仿佛是鱼身上的鳞片。每到秋末冬初，地上都会覆盖一层灰白色鱼鳞状树皮，像极了鱼游走在河水间的样子。这里左临周河，右有杨河，前是张海村，后有苗海村。因鱼喜水，所以将于慎行陵墓设在两海两河之间供养。我想，以这样的地势供养帝王之师，才能彰显出皇帝的用心和神圣。

"大明文官主，三代帝王师。"平阴县93岁老人石仲琦写下这副联，让我在475年后与于慎行相见。那天，作为一个朝拜者，我站在于阁老石刻展示馆门前，依然能够感受到明朝那年春天的风。那儿的河水静静地流淌，那儿的小麦一片金黄，那儿的屋顶上覆盖着圆形小瓦，一个用麦秆编制成的花环挂在门端，上面写着"东流书院"。正是这样的画面把我带到书院村深处。

于慎行5岁便能对出工整的对联，7岁作诗，17岁中举人，人们说他是

白皮松

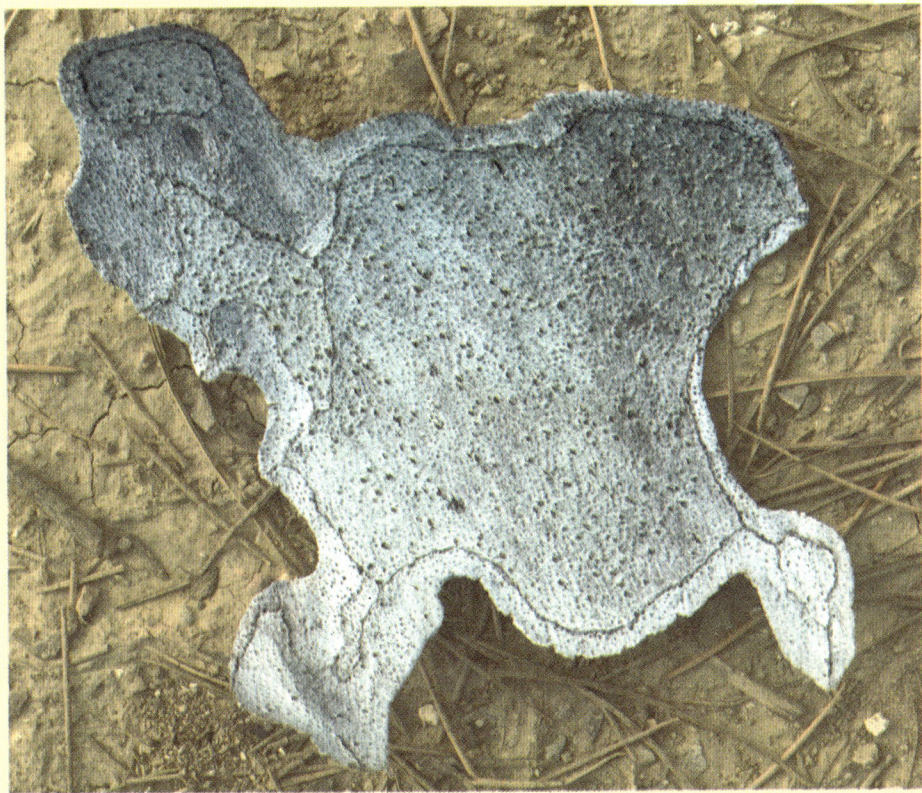

鱼形状白皮松树皮

天上的文曲星下凡。我来村子就是为了探寻于慎行的印迹，重温村子发展的历史。于慎行10岁时在东流书院读书。这里水流潺潺，鸟儿的鸣叫声穿过丛林，仿佛是书中的一条丝带，将书院村的美景展现在我的眼前。据《东流书院景点碑》记载："书院村原为东流书院，刘公聘先祖黄雨公在东流书院任教。他出钱将此地买下，建成书院，供附近孩子们读书。"这里的刘公是刘隅，嘉靖二年中进士，后升为副都御史。刘隅将书院选在山间水旁，为的是不历经战争的恐怖，这里是读书最好的地方。村子建立起书院，人们围书院而居，更加深了对文化的渴求。历史上建有书院的村庄很多，考出举人的更不用说，但出过曾给三代皇帝当过老师的却没有，书院村是唯一一个。

于慎行的故事就如同书院旁的泉水，几百年来一直在村子里流淌着。传说他去兖州参加科考，途中经过一个桃花盛开的园子，他折断一枝桃花，赋诗一首，一路来到考场，却不忍心将桃花丢掉，便把桃花藏进袖口里，巧合的是考题竟然是"桃花赋"。于慎行提起笔，将自己在路上作的诗洋洋洒洒地写在考卷上，成为第一个交卷的考生。学政见于慎行这么快交卷，便起身去接，只见于慎行藏在袖口内的桃花滑落出来，学政见状便出对联："小学生，袖桃花，暗藏春色。"于慎行灵机一动，鞠躬行礼，做出作揖的姿势，对下联："老大人，坐高堂，明察秋毫。"学政被于慎行的才华所打动，直接在卷子上写了一个"中"字。那年，于慎行只有10岁，却被破例批准参加选拔庠生的院试。于慎行14岁以东阿县和兖州府第一名的成绩中秀才，17岁以山东乡试第六名中举人，24岁以二甲61名中进士，26岁就做了皇帝的老师。然而，这一切的成绩都得益于他的聪慧好学，更得益于书院的悉心教导。

说起书院，还要说刘隅，他是于慎行的二姥爷。于慎行的父亲于玭，喜读书，但由于家境贫寒，读不起书，只能回家种田。刘隅来到东阿古城衙门和老友李进士下棋，一时间引来不少围观者。眼看李进士就要输了，于玭在旁边给他动了一个棋子，结果反败为胜。刘隅问于玭在哪里读书，于玭回答，家里太穷，没有读书。刘隅又说："家贫就别读书了。"于玭答曰："父亲说，正是因为穷才读书。书里有粮饭，书里有房住，读书开眼界，读书能治国。"刘隅忽然眼前一亮，心想，越穷越有志气，若是能送他读书，这孩子定有出息，甚至不在我之下。后来，李进士做媒，将刘隅的侄女下嫁到于家，并说成媒之后，就是亲戚，孩子的学费钱都由刘隅来出。刘家和于家结亲后，于玭读书更加刻苦，《上论》《下论》《四书五经》都读透了。于玭19岁中举人，官至武英殿大学士。刘隅大喜，于玭的才华果然不出他所料。刘隅在村里建起书院，让更多的孩子能读书、写文。这样的官员在古代不多，当时大都要求门当户对，而扶持穷人孩子读书的当属刘隅。他的心胸是宽广的，他改写了村子里穷人读不起书的历史；他的精神是无私的，让一座村庄从此充满文化气息。人们为了纪念他，将村子命名为"书院村"。

于玭完婚后，连生四子，他们伴着故乡的泉水，盘腿而坐，摇头背诗，都

——考取功名。其中，第四子于慎行官至资政大夫、礼部尚书，也是当时皇帝最年轻的老师，20多岁便当上日讲官。这样的老师不是一般人所能胜任的，除了要给皇帝敷陈经史，还要兼记皇帝的言行。古人说，一日为师终身为父，皇帝的一言一行都在于慎行的管理之下，他日成人，又怎会不把这个"父亲"放在心上呢？我站在于林中，看着皇帝亲手栽下的白皮松，它们像守林人一样，讲述着于慎行的故事。在这里，每一株树都显得迥然不同，它代表不同时期的于慎行，更象征着万古长青的于慎行。于慎行活了63年，所以明万历皇帝朱翊钧赐予他63棵树。正因这些树经过皇帝的手，所以它们比嵌在官袍上的宝石和金属装饰物更令人惊叹。

如今，居住在书院村里的人们越来越敬重于慎行，称他为"于阁老"。于慎行才华横溢，被封为东阁大学士，也是明朝地位最高的学士，在明朝被选为太子老师。他的学识、为人处世方式，无疑将影响几代皇帝。因此，在那段时间里，于慎行掌握着学界的权威。他背井离乡在京城官至一品，主管朝廷礼仪、学校、科举以及外事活动。他每年参与选拔科举之人，同时，也惦记着家乡的书院。当年，他一定是联系起自己与书院的关系，这种关系不是家族间的，就像当年刘隅，只为扶持人才，建起书院。这样的想法使于慎行站在更高处，他意识到读书决定民族的兴衰。于慎行无论官做至多大，始终心系家乡，家成了他抹不去的记忆。因此，他重修东流书院，并将书院村写入历史的进程中。

我看到墙上挂着"东流书院"几个汉隶大字，敦厚婉约，显示出它独有的风格，同时也包含着书写者对书院的情感。这是明代河南兵部尚书苏祐赠予刘隅的匾额。于慎行在书院读书十余年。当我站在匾额前时，我仿佛已经置身其中了。但是，我仍然在寻找着一些关于村庄历史的碎片。于慎行在村子里居住期间，写出了《读史漫录》《兖州府志》《东阿县志》《安平镇志》，为后来学者研究探索地方史提供了宝贵资料。我在屋子里看到村庄经过时间洗礼的碑文，这让我陷入深深的思考：一个村庄，一门三进士，这不是偶然，一定是必然。村民们把读书作为人生中最重要的事情，在文字中寻找内心的坚定，把这种习惯装进血液，并埋进地下，代代相传，影响着这片土地上的人们。

碑文上的文字已残缺不清，我用相机放大后看出，此碑是道光年间东阿县令张贴的告示：时，洪范池义学的教书先生是从曹县聘来，为了教师及其家属的生活得以保障，一八二九年十一月初一，前来慰问教师生活费用及相关事项。春节来临之前，县令刻碑告示，让学生家长按时足额缴纳学费，以示众人，保障教师生活。后来由县衙出资办义学，让孩子们能有书读。他用告示告诉人们尊师重教，同时也显示出了书院村的文化传统。

我知道屋子里肯定有于慎行的画像，当我开口询问时，周慧杰并没有一点迟疑，他似乎知道我的想法。"在那儿。"周慧杰指着堂屋前一张卷轴说道。那就是于慎行，我看到一个清瘦的老者头戴黑色乌纱帽，身穿红色麒麟袍，双手扶在束带上，我从他的眼神中读出了慈善与宽广。我突然意识到，他的宽广从乡间小道一直蔓延至京城，在村庄的路上印上很深的痕迹。我在画像前与于慎行相对而视，他似乎在告诉我这样一个异乡人，这里曾发生的一切。我知道，这个村庄因为他的存在而沉淀出特有的文化。我敬仰文字，更敬仰眼前这位东阁大学士，我在画像前向老先生三鞠躬，以示对他的尊敬。

走出石墙屋子，看到于林深处掩藏着一座坟墓。古代文物保护工作正在陵园里展开，人们在修复石刻，比如铲除门前的枯草，恢复曾经失去的石俑、石羊、石虎、石狗以及两座华表。村民们称华表为望天犼，华表为方石柱形，下有石墩，墩高约一米，四个大力士手叉腰，扛着华表底座。上部刻祥云，顶端蹲坐一石犼，华表周身水磨云朵，每个云朵高出底面两寸左右。两座华表矗立在门两侧。犼是一种外形似狗而吃人的野兽，而望天犼角似鹿，头似驴，耳朵像猫，眼似虾，发似狮，颈似蛇，前爪似鹰，后爪似虎。皇帝让这样的怪兽蹲坐在师傅陵前，意为驱逐鬼怪，看守陵墓。

庆幸的是，我并没有看见于林被旅游公司开发的景象，只有树林和村庄穿插在此处，以最古朴的方式呈现在人们的眼前。我走进树林，相隔400多年了，于慎行就安静地睡在这里，他喜欢乡间的宁静与自然。石碑由中间一块主碑和两边的侧碑组成，主碑底部刻有浪花，似时间里流淌的长河，中间部分雕

于阁老墓

刻四爪龙，其实也就是古代的蟒纹，两侧是祥云中腾空而起的凤凰。这是于慎行与夫人安息的地方，人们将他的一切功德都留在了石碑上，风字加上一横变成凤，表示他们会在风雨里长相伴。

　　我在于公陵墓碑上看到几行字："于慎行生于嘉靖二十四年（1545），卒于万历三十五年（1607），字可远，又字无垢，号谷山。是明朝万历皇帝朱翊钧的老师。隆庆二年（1568）中进士，历任翰林院修撰、日讲官。当地尊称'阁老'。他熟悉典章制度，曾参与制定了许多重要的礼制。在隐居古东阿县时撰写了《谷山笔尘》十八卷，于1593~1596年在洪范东流书院编撰了《兖州府志》，把史事（从伏羲氏直到辽、金元）写成《读史漫录》十四卷。于慎行文风清奇淡雅，赋诗比肩李杜，为明代'一时之冠'。其诗作均收在《谷城山馆诗集》二十卷和《谷城山馆文集》四十二卷中。1581~1587年间与县令朱应毂成为挚友，邀其在现纸坊村东南山下河边书'泉石清赏'大字，赞石淙之美。于慎行之父于玭，字子珍，号册川。二兄慎思，字无妄，三兄慎言，字无择，均具文采，著有《于氏家藏诗略》四卷、《庞眉生集》《冲白斋》开行于世，为古东阿名门望族。"

于氏家族用一生的时间书写文字，墓碑上那行字不是生命的终结，而仅仅是另一种生命的开始。于公陵墓碑上的文字在蓝天下显得格外清晰。我站在原地，仿佛能穿越时空，看到于阁老在微弱的灯光下蘸着东流泉的水，书写出明朝的典章、人物、兵刑、财赋、礼乐、边塞发生的人与事，批判官场的腐败，颂扬廉洁官吏。他谈论今古，扬于文艺，记录下一个朝代的历史。

走出于林，周慧杰说，现在政府正在出资重修于林，曾经这里的规模大小不次于孔林，有前于林和后于林之说。前于林是于慎行的墓地，而再往北约300米处是后于林。后于林是于慎行的祖辈以及兄弟们的墓地。我亲临了一个古老的于氏家族，他们远离尘嚣，睡在铺满草地的山谷，这里是人间的天堂。村里的人们每当路过这里，内心都充满敬畏。

周慧杰说，如今，人们已经知道要修复于公陵，那些陵墓本来的样子才是历史的见证。我看到于林里扎起钢筋架，将那些失去的东西按照史志的记载恢复到最初的模样。这样的工作使修复者有了与于慎行对话的机会。他们相隔400多年，当工人的手指触摸在石羊上时，他可能会通过某个细节在脑海里复原于慎行的样貌、身高和年龄。

不论于慎行是在森林深处，还是在紫禁城东阁殿内，他都能放下身段，醉在诗中。他写道："面面溪山缭绕，村村花树蒙笼。人在渊明记里，家居摩诘图中。水绕项王冢畔，山围管子台前。万古英雄事业，斜阳衰草寒烟。"山村深处，雾气缭绕在大山之中，山间开出成片的野花，泉水在小桥下流淌，人们仿佛醉在陶渊明的南山下，居住在脱离俗尘、安净的佛家圣地。书院村的奇山秀水，翠绿欲滴的草甸，以及山间的灌木丛顺着小溪流淌出野花的味道……于慎行将这一切都留在文字中，形成一幅美丽的画卷。整个山谷就是他的生命，他从山上来，他与太阳、月亮、松柏、山花、泉水对话。所以，紫禁城内的那些恭维和谎言无法与他对话，他两次归隐故乡，看到狼溪河的水从府前缓缓流过，写下："向来多远梦，从此闭重关。不似终南路，依栖慕世间。"他的骨子里不是世俗的，是有情怀的。他放下一品大员不做，回乡写就几十卷笔记。这或许跟他自幼读《管子》有关，"一年之计，莫如树谷；十年之计，莫如树木；终身之计，莫如树人"。他的世界是广阔无边的。不是为了一年的打算栽种好谷物，也不是为了十年而栽种树木，他有着更长远的打算，那就是为国家兴衰培养人才；传书写志，将书院传承下去。

在这个世界里，他走得很远，与时代彼此成就，却很少有人能读懂他。时至今日，书院村积淀下来的文化和历史，大都来源于于氏家族，以碑刻、存稿、传说以及年谱的形式存在着。正因有了书院，有三代帝王之师于慎行的存在，这个村子变得神秘，如同印有古文字的书，在那一瞬间将我带入时间的深渊。

400多年了，明朝繁花似锦的朝代背后到底藏着多少学者研究的秘密，那些亮丽的服饰让我眼前一亮。就在那一瞬间，《东阁衣冠年谱画册》手稿呈现在我的眼前，使我内心的迷雾似乎被大明的阳光驱散。

《东阁衣冠年谱画册》打开一道缝隙，发黄的宣纸经过岁月的磨损，隐匿在时间背后的故事显现出来。我体会到一份珍贵，这份年谱不知道经过多少人的触摸，才保留至今天。于慎行坐在书院村的小屋里，一定想过这份手稿的未来。因此，在历史中的某一天，在村村花落的朦胧中，他提起笔写下一行字：无垢居士题。东阁年谱是于慎行六十大寿时，由会稽金生雅工写照，共32幅图片，画中让我们看见了明朝各个时期于慎行的状貌、衣服，以及所遇的境况。那是明代珍品，距今有400多年了。我看于慎行中进士时，身穿红色官服，黑色官帽左侧插红花，腰间系一条蓝色束带垂至脚跟。牵马仆人头戴蓝色幞巾，他穿的不是长袍，而是至膝盖处的粗布衣。那匹白马摇着尾巴，显得肥壮，马尾用棕色绳子扎起。后面跟着两个抬行李的仆人，由东阿官员送出城门。

我眼前的画面是画工用矿物质颜料画成的，姚黄魏紫，色泽鲜艳，它寓意于慎行所处的时代已进入一个强盛富丽的时期。其实，于慎行的想法很简单，只是迷恋家乡的泥土和青山。他11岁母亲去世，去京城时，父亲担心他水土不服，便将家乡的泥土包在红纸内让他带往京城，想家的时候，将泥土煮成汤喝上几口，就会舒服很多。于慎行在乡下长大，离不开泥土，他喜欢锄地、耕种田园，即便在京城为帝师，仍会辟一块地种庄稼。我读到《东阁衣冠年谱画册》中绘制的东皋课耕，择水边向阳的高地耕种。这是于慎行向往的田园生活，也是教育皇帝心中要心系百姓，国家才能兴盛发展。游牧民族逐水而居，做买卖的可以择地而居，而庄稼人却搬不动土地，他们的谋生是粘在土地上的。土地年年有收成，百姓才能安定，国家方能昌盛。因此，从年谱图上来说，帝王之师于慎行关心百姓的生活；如果往更长远的方向看，他更关心国家的兴衰。

《东阁衣冠年谱画册》中绘制的东皋课耕

于慎行一直念念不忘泥土和云翠山森林，仿佛那是他赖以生存的降落伞，伞落至书院村的土地上，他才能体会到如坐春风。他记得耕牛浓重的味道，也记得山间升起一团烟霞，散发出松仁的甜香。前不久，我读过他的一首诗《从二兄登云翠山南天观十二韵》，山岭、平原、云霞、松壑、东流泉都在于慎行的心里应运而生。云翠山就仿佛是他身体里躺着的字，特殊而纯粹。他站在山巅，写下这样的文字：

> 大地标琼观，真游入翠微。
>
> 中天开突兀，半岭度崔嵬。
>
> 回见平原绕，低看野气围。
>
> 河流刚若带，云出宛成衣。
>
> 霄汉身应近，烟霞手自挥。
>
> 林篁天杪尽，村落谷中稀。
>
> 过雨鸣松壑，悬泉幕石扉。
>
> 地馀丘子灶，名仿富春矶。
>
> 人去无鸡犬，春归有蕨薇。
>
> 歌从灵运和，药向长房祈。
>
> 绿酒聊为尔，丹砂不可几。
>
> 醉来忘日夜，恋赏未言归。

云翠山深处，于慎行与朋友品尝野菜蕨薇，饮着泉水与高粱、小麦酿出的绿酒，那是何等的潇洒与惬意！他们醉在山水间，幽幽感叹人生。其实，从另一种角度去阅读于慎行，你会发现他是一个性情中人。放下官员位置，他更是一个诗人，或者说是一个艺术家。他丝毫没有官员的架势，与友寒舍畅饮，醉来望日夜，却舍不得朋友离开。那时的于慎行，挥洒笔墨，文不加点，出口成章，在明朝文学史上留下重重的一笔。

我们走出村庄，行至洪范池镇政府驻地，看到一家酒店，上面写着："喝阁老贡酒，做天下文章。"酒文化对这里提供了历史的例证。1598年，明万历皇帝朱翊钧御驾书院村探望恩师，于慎行将玫瑰花酿成的美酒敬奉给皇帝。皇帝饮后，一股醇香涌上心头，并赋诗："一樽今日酒，千里故人心。"他为此酒赐名为"阁老贡酒"。这种思念之情难以表达，或许只有拿出存放许久的玫瑰酒款待圣上，才能显示出那份对过往的怀恋，以及对圣上的敬重之情。

1591年，在金色的秋天里，于慎行辞官回到村庄，他陪邢侗游东流书院，建狼溪书屋，写下《读史漫录》《史摘》，将《谷城山馆文集》交于邢侗刻印。就这样他把一部部辞典一字不漏地记录下来，给济南这片土地建起一座历史的纪念碑。这些文字勾勒出了他的一生，包括他深深眷恋着的这片土地。他拿起手中的笔，以记录的方式书写着我们未能到达的地方。

历史虽已成为过去，但在书院村，许多地方仍令我重生敬意，于慎行秘密地在这里留下自己的痕迹，以时间为刻度，从过去传递到现在，甚至未来。

第四章

宗祠站在历史深处

历城东北乡有一座祠堂，叫娄氏宗祠，留存至今。假若娄氏的一切都将在记忆中隐去，我相信余下的定是这座祠堂。

娄家村和其他村子各种姓氏混杂不同，村子里除一户姓赵的人家外，全部姓娄。从记事起爷爷就让我背诵娄氏辈分，这是必做的功课。源、本、焕、培、锦、泽、叶、灿、址、钧、泉、村、炳、坤、镇、深、荣、照、基、钦，他一口气背出20个辈分。辈分选字讲究，选用五行（即金、木、水、火、土），娄氏取辈分字放在名字中间。

辈分彰显出在家族中的地位，同族之间所称的辈分必须称呼准确，否则会闹出笑话，甚至伤了和气。在传统文化中，辈分按长幼先后所居的地位区分，每个人的辈分从出生便是命中注定的，是不可更改的。

娄焕忠是年轻的娄家小学校长，他的辈分"焕"字排第三，是村子里的大辈儿，陪同的几个年龄大些的老人称呼他为叔叔。村子里老少不分年龄，以辈分论大小。我是"仁"字辈，有时回老家，白发苍苍的老人依然称我为姑姑。

经历几十代人，娄家人依旧在提醒后人不要忘记自己的来路，人们将村庄的故事口口相传，这不仅仅是家族的延续，更是民族传统文化的传承。

当我走进娄家祠堂时，一对螭吻躲在阴凉的角落里，因为祠堂正在装修。螭吻站在建筑的制高点，能看到天空，俯视大地。今天它在高温中被抬下来，放到阴凉的地方，这是我第一次近距离与它接触，甚至村子里的娄家村民也是第一次。我抚摸着这个空中的脊兽，它全身呈灰蓝色，张开大嘴，露出几颗断掉的牙齿，但依旧能看到它的威猛。螭吻在一年四季中经受风雨，身上依旧散发蓝光，映出它的威严和神圣。从远处看，它如同一条巨龙，有坚厚的鳞片做外壳，"龙生九子"的传说故事做精神核心。在它背部的尾端插有一把宝剑，目的是防止它逃跑，让它永远喷雨镇火。民间宝剑寓意着降妖除魔，有避邪之意。

螭吻站在屋顶，除了有美好的寓意，还有古人讲究的建筑风格。它伫立在屋角最顶端的瓦片上，这里是屋顶和檐角的汇合处，起到固定屋脊滑动的作用。螭吻用宽大的身体堵住雨水，防止雨水渗入建筑中，延长房屋的使用寿命，以至于祠堂建立100多年来，首次修缮。建筑学家梁思成曾说："使本来极无趣笨拙的实际部分，成为整个建筑物美丽的冠冕。"螭吻成为祠堂神圣的脊兽。

二

　　我带着相机闯入历史，进入建筑中，"乡村记忆"四个大字被一块匾额砌入墙体，承担起记忆的功能。它用砖木把娄家人与遥远的祖先紧紧地拴在一起，用现实的目光把我牵到历史深处。据《娄氏族谱》记载，明代永乐年间（1403~1424），娄氏一族由直隶（河北省）枣强迁此建村，以姓氏得名娄家庄。

　　娄氏宗祠建于清代同治十三年（1874），是娄氏后裔拜祖谒亲的场所，也是历城区境内保存最好的近现代宗祠。我站在祠堂下，向远去望去，门楼上的雕花不是梅兰竹菊，而是荷花。祠堂是家族在发生大事时，人们才能进入的地方。民间讲究听话听音儿，雕刻选荷花，取谐音 "和"字，象征家族和谐。四方门敦，刻有茶壶、茶杯，三面雕花不同。门楼飞檐翘起，檐壁下组合形成"卍"字形纹。父亲告诉我，这是欢迎回家、平安万福的意思。它是家族的符号，也有延绵不断的寓意。记得一位朋友说，他在国外，看到建筑门前画有"卍"字形纹，仿佛在异国他乡遇见亲人，忍不住上前询问。建筑是符号，是东方之门，是家的味道。"卍"字不仅是祠堂的历史遗物，成为镶嵌在祠堂上的风景，还是壮观的辟邪物，是一种语言，守护着村子的过去和未来。

　　我看到娄氏世系图，俊美的正楷书印在发黄的宣纸上，有王羲之的风雅神韵。世系图世代相传，详细地记载了祖先的名分和辈分。在漫长的岁月中，一张纸远比人的寿命要长，竟能走出百年。尽管世系图隐藏在发黄的皱褶中，但在娄家村，几乎所有人都对家谱了如指掌。村子里有出名的人物，有去北上广

发黄的娄氏世系图纸卷

下海赚大钱的人，无论他们在哪里，最终都会回到娄家村，正所谓落叶归根。

鲁迅先生别了20余年的故乡，再次回乡，故乡却已不是记忆中的故乡。正如先生所说："但要我记起他的美丽，说出他的佳处来，却又没有影像，没有言辞了。仿佛也就如此。"家乡的老屋长满鲁迅先生的记忆，在他的《故乡》中记录着："我们多年聚族而居的老屋，已经共同卖给别姓了，交屋的期限，只在本年，所以必须赶在正月初一以前，永别了熟识的老屋，而且远离了熟识的故乡，搬家到我在谋食的异地去。"一次永别，成为永久，老屋不在，家没了。鲁迅定居上海，在那里去世，成为漂泊的人，再也无法回去。这或许是一种宿命，更是先生的遗憾。

娄家村还有几处土屋，那是离开家乡太久的人没有卖掉的祖屋。土屋上长出小草，显得古朴，仿佛是世系图中闪光的星星，至今等待主人的到来。

祠堂恰似一个老人坐在村子里，约束着人们的行为。我进入娄家村，正逢大集，娄家村83岁的司姓奶奶端坐在门前。她满头银发，包着棕色头巾，缺失的牙齿、褶皱的脸庞写满岁月的沉淀。当谈到宗祠的时候，我发现她的眼皮挑动了一下，目光中增添了许多亮色，这种亮色既是一种温暖，也是一种敬畏。她年轻时从未进入祠堂，新中国成立后，只有过年时才进入祠堂，五更天带着船盘和烧纸祭祀祖先、祈祷平安。船盘呈长方形，四边木线边凸起，里面放豆腐、点心、水果，再放上瓶酒和两个酒盅、两双筷子，人们跪在草编垫子上三叩首，嘴里念叨着请祖先回家之类的话。正月十五闹元宵，鞭炮响起，耍龙灯的人会使出全身力气，高举龙头在祠堂门前三叩首，感谢祖先的恩泽厚德。在娄家村，每户人家都会到祠堂里供奉祭品，请祖先回家。

在娄家村任何宗族事务中，娄家女人不能上桌，男人在桌上吃饭，女人在下面小桌凑合几个小菜。即使在今天，逢年过节，娄家女人的身影也总会出现在厨房锅台上。如今女人地位得到提高，女人成为家族中的半边天，但她们依然无法丢弃宗族传统习惯，用手中的锅碗瓢勺绘制成家族和气。那些传统的方式和被遗忘的细节从未走远，成为传承和永恒。

按照旧习俗，女人不能进入祠堂。未出嫁的女子以后将成为别家的人，而媳妇是外姓人，更不能进入祠堂。只有待嫁女子出嫁时才能进入。写到这里，我忽然想到《诗经》中的《采蘋》：

于以采蘋？南涧之滨。于以采藻？于彼行潦。于以盛之？维筐及筥。于以湘之？维锜及釜。于以奠之？宗室牖下。谁其尸之？有齐季女。

商周时期，女子出嫁前都要去宗庙祭祀，准备祭品、整治祭具，这是一场无比虔诚、圣洁、庄重的活动，也是唯一可以进入祠堂的时候。《毛传》云："古之将嫁女者，必先礼之于宗室；牲用鱼，芼之以蘋藻。"当祭拜成为文字的记载，那古老的宗祠依旧是现实的一部分，祠堂里的族长依然神情严肃、眉目清晰。

祠堂是一部复杂的小说，里面砌满祖先生活的故事，与每一个家庭有关，它以严谨的态度拒绝一切喧嚣的事物。这里是祭祖联宗、决议宗族事务、办理红白喜事、表彰功德、惩戒罪恶的地方。沈从文在《萧萧》中写道，萧萧是农村女孩，12岁嫁给3岁的丈夫，在完婚前和长工花狗有了私情。按照当地的习俗，族长在祠堂宣布把她发卖或者沉潭，发卖却没有人家要。族规在当下人们的生活中早已淡出，成为人们记忆中的民俗。

<h2 align="center">三</h2>

在乡间，不同形式的民居中都有大小不一的天井。祠堂天井不仅是为了排水，更因为天井位置低于堂屋，族长宣布宗族事务时，族人站在天井里，而族长和长老在堂屋前坐成一排，建筑设计的高低与宗族身份的彰显有很大联系。透过那道围在外面的高墙，能窥见站在天井里的人心中的紧张感。走到天井中，看到窗前红黄蓝镶嵌的雕花如升起的火焰，红色是家族枝干，蓝色是繁衍的枝叶，黄色葫芦是娄氏家族的福禄。民间把葫芦悬于梁下，称为"顶梁"，有平安顺利之说。葫芦嘴小肚大，可以吸收宅子里的好气场，抑制、阻遏邪恶和不安。古时豪门望族多在家中供养几枚天然的葫芦。阳光下，葫芦的纹路清晰可见，我仿佛看到紫色葫芦花在夜晚绽放，那一切都是真实的。

我出生的地方离娄家村有20余里路，我却从未来过这里。此时的宗祠与我隔着时空，它改变着村子里的事物。我看到一束光照亮娄家祠堂里的英杰，他们意气风发，斗志昂扬，出现在历史的每一个重大关口。娄家祠堂被阳光抹上一层光泽，让人想到祖先的情感在这里汇集，它是精神的殿堂。

清代同治十三年（1874），娄希贤找风水先生择良辰吉日修建宗祠，祠堂大门朝正南，东西两侧房屋连接正堂，正屋高于东西房，檐下镶嵌木质雕花门帘，出堂屋门，数节台阶连接至院落。想必他坐着木椅明示于人，房屋以此形围堂屋而建，定能人财两旺。风水先生的规划是有地理依据的，选在娄家村中央大街建宗祠是因为这里四通八达，没有死胡同。

娄希贤是娄氏十七世，清末同治年间人，是当地比较知名的财主，他出资、出力主持修建娄氏宗祠。当时他家并不富裕，不被人重视，他带着满腔的乡情走出家乡，做小买卖发家，逐渐富起来。当他有钱后，他第一时间想到村

宗祠廊花

子交通落后。要想富，先修路，他出资修了村子里的第一条路，至今宗祠门前的马路依然很长。

娄希贤为人善良，乐于助人，多次修路、修桥，回报生养他的土地。他并没有心胸狭窄地做土财主，而是出资办义学，让没钱读书的孩子能懂知识、学文化。

随着年龄的增长和财富的积累，家族是他生命的源头，在他心目中修建祠堂越来越重要。历经多年，祠堂终于落成。祠堂是宗族落地生根的标志，是娄氏一族宣泄情感的产物，更是抚慰人心的殿堂。

娄希贤主持修祠堂，也主持修家谱。家谱修于1925年，说明娄希贤当时还在世。据村子里老人讲，娄氏这一支最早的祖先叫娄仪，三个儿子分别以娄月、娄明、娄亮为名。家谱便以"天、地、人"三个字分为三册，五世以下各支人数兄弟多寡不等，均按伯仲季，别之于天地人，分于各册中。

家谱深蓝色封皮线装，用蓝布做成，宣纸内页。这些纸张只因上面的文字

娄氏宗谱

就不再是普通的纸，变得异常珍贵。来娄家村的这一支后来有些人到了邹平、蒙阴等地，历史上历经几次族人的变迁，也无法抵挡文字记录下的真实，它生长在人的心里，永远不会腐烂和消失。

JINAN 济南故事

第五章

在村庄叙写朱家峪

朱家峪村面积约7 000亩，有祠庙、楼阁、石桥、古道、古泉，整个村子呈正方形，村内小路交错相通。这是我第一次来到这个古村落，它比传说中更为古老。翻过500余米的山坡，迎接我的是一座长满爬山虎的老房子，拱形圆门下坐着一位乘凉的大娘，年龄七十有余。她把村庄的历史作为一种养料，吸收进身体，然后以故事的形式诉说给世人听。

双轨古道建于礼门后，依托于巨大的石门，朱家峪村人视它为君子循行的礼仪之道。古道幽静蜿蜒，用青石和黄石砌于土地中，始建于明代，重修于清代，分上行和下行。在那个年代，朱家先人堪称意识超前。此时，我站在礼门前，对他们产生崇拜。踩在青石上，看到杂草从石缝中钻出，古道犹如开往历史深处的列车，时代久远的青石变成密密麻麻的文字，向人们传递着它的过去。

村子在岁月变迁中留存下来，人类学家通过一块石头，一片水，一块残砖、碎瓦，甚至是一株草，来探究村庄的过去和未来。我站在遗址所处的空间，面对双重历史，如同一个考古工作者，在废墟上挖掘历史的碎片。

文昌阁建于清代道光十八年（1838），分上下两层，下面筑阁洞，上层为阁楼。阁檐下刻着"学宫仰止"四个大字。早在清代以前，这里便是官府设置的学校，是人们仰慕和向往的地方。两侧廊柱雕刻楹联"文阁揽胜广聚日月之精华，慧眼识英大开天地之文章"。从生命意义上讲，阁楼远远比不上一行字更稳固，当那些建筑化作废墟，文字却成

村子牌坊

为真正的永恒。打开阁楼窗户，凝聚起日月带来的正能量，在所有浩瀚的岁月里，人们与文字紧紧地结合在一起。

村庄建有文昌阁，想必村子定是惜字如命的地方。经济迅速发展的年代，速度改变一切。村子被开发成旅游景点，阁洞下乘凉的赵大娘头戴花边草帽，身穿红色休闲上衣，脚踩一双蓝色拖鞋，手中摇着蒲扇，扇来一阵阵风，风中弥漫着浓重的历史气息。她向我讲起村子里的前尘往事。文昌阁178年来没有修缮过，只对二楼房顶加以整理，村子里的人从老到小都可以给你做导游，你给三十二十，十块八块都可以。她指着正南方向说，这里还保留着一座完整的私塾，当年一代名师朱逢寅的学生有两个考取举人，一个是翰林院编修主持刘元亮，一个是奉天总兵刘仲度。她声音里带着骄傲与自豪，如缓缓的河水流淌到我面前。刘元亮和刘仲度一文一武，方圆百里无人不晓，因朱逢寅教出了两个有名的举人，光绪皇帝亲笔题字"明经进士"匾额，并任其为候选训导。在清代，这相当于皇帝钦命的七品文官。朱逢寅不是私塾教员，他是辅佐地方知府的教授，可直书觐见皇帝。

同一个村子，同一个师傅，考出两位举人，这对村庄来说无疑是名震四方的荣耀，所以建立文昌阁自有它的道理。这座楼阁，只因皇帝在上面写过字，就不再是普通的建筑。如果没有皇帝题字，它也许会像大地上其他房屋一样，随着时代的变化而消失。正因为有皇帝题的字，那些字的一撇一捺都变得异常珍贵。

百姓在文昌阁供奉文昌帝，一盏香炉，三炷清香，香烟袅袅升起，环绕在亭阁、山间。文昌帝是民间尊奉的神祇，古代士子尊其为神，科考之士均前往文昌阁祈祷，求赐禄运。一直到现在，村子里凡是有参加考试的学子，老人们都会进入祠庙为其祈祷。文人以文字谋生，文昌帝既然主文运，一定能给学子带来极大的信心。老百姓希望家里的孩子考取功名，他们认为用笔杆子说话是有分量的。即便是笔杆子有权威，也不能用文字造谣生事、欺压良善，这成为朱家峪村人的座右铭。

建立文昌阁，自会建立《文昌帝君惜字真诠》，约束考取功名之人。读书须用功，一字值千金，敬字纸亦是敬圣人，对写有文字的纸，不能随便丢弃、污损。人们认为珍惜字纸，家必兴盛，可为家人增添福寿。凡写有字的纸不会用来糊窗，更不会用来包装食物。老人们把不用的字纸放到一起捆好，用火焚成灰，待到秋天洒进河里，以此证明文字在人们心中的地位。族人用俊美的正楷体写下这样的文字：

下笔有关人性命者，此字当惜。下笔有关人名节者，此字当惜。下笔有关人功名者，此字当惜。下笔属人闺阃阴事及离婚字者，此字当惜。下笔间离人骨肉者，此字当惜。下笔谋人自肥、倾人自活者，此字当惜。下笔凌高年、欺幼弱者，此字当惜。下笔挟私怀隙，故卖直道毁人成谋者，此字当惜。下笔唆人构怨，代人架词者，此字当惜。下笔恣意颠倒是非，使人含冤者，此字当惜。下笔喜作淫词艳曲，兼以诗札讥诮他人者，此字当惜。下笔刺人忌讳，令人终身饮恨者，此字当惜。

这些文字，一看就是文人所写，它有章法，庄严、精妙、和谐、敦厚，让我想起朱家峪村一代代子孙，在家规、族规的约束下，从不背弃原则。

我的父亲也是惜字如命的人。三年前老家拆迁，他把几十年来积攒的旧书和习作过的书法纸装进麻袋，用三轮车运往租住的地方。途中突然下起大雨，父亲脱下外衣，用衣服包住书本，他弯着腰将那些旧书抱在怀里，任凭雨点打在他的背上，也要将书完整地运送到家中。父亲喜欢那些书，他把每一个字视为生命。同时，文字也约束着人的行为。有时候，这些约束呈现出考取功名之人的道德、规矩，又体现在每一个普通人的身上。

我站在文昌阁前，呼吸着山间的气息，仿佛看到秀才身穿圆领大袖的襕袍，腰间襞积，坐于台前，举笔信手涂抹，一幅俊美的书法跃然纸上，里面融有进取和果敢，也包含沉静和闲适。

历史真实的气息不是档案资料能完全表达出来的。文昌阁建在村庄门前，不仅仅承载一村考取两举人的荣耀，更背负起社会道德，体现一个时代的感召力。

村里百姓每年二月十五、八月十五聚集在文昌阁献上供品，搭台唱戏，举行各种敬字、惜字演出，制作各种字纸、书册。有的人求来生能读书识字，成为受人敬重的读书人；患眼疾的人用手抚摸字的模样，祈求复明，仿佛在窗台下看到一缕光照在一撇一捺的方块字上。从某种意义上来说，人们对文化的需求已经深入至日常生活中。

我打量着身边的赵大娘，对于她的经历，我一无所知，她识字懂文化，更让我感到高深莫测。她指着南面告诉我，往前走，过了桥有一个洞，那是朱家先祖朱良盛初来村子时住过的地方。我跟随着她的指引，一路向前，眼前是繁茂的大树，脚下的枝叶层层叠叠，积累得很厚，在夏日的空气中散发出时间的味道。

洞前长满构树，我们老家管它叫褚葡萄，果实叫褚实，听父亲说它是味中药，能健肾。这种树在这里满山遍野，紫红色的果实在绿叶的衬托下显得格外耀眼。从很远处就能看到翠绿和深红的强烈对比，宛如树林中挂着一串红灯笼，发出耀眼的光。果实未成熟时，挂在枝头沉甸甸的，经过阳光的照射，慢慢变红、变软，犹如秋日里的落花，转瞬间就会消失在枝头。大地上铺了一层红果，我没有见到这棵树孕育果实的过程，只能享受它结的果实。我捡起一个，想象着

黄石洞

朱良盛来到村子，把洞前的构树当成宝贝，将树皮剥下割断、切碎，用石头砸成粉，煮成糊糊，树皮便成为救命的粮食。构树生命力强，第二年又会长出新的枝叶，一年又一年生长在洞前。我相信，一个植物学家能通过果实的数量判断出时间的刻度。整片树林记录着600年时间的脚步。炎热的夏天里，风拂动树叶，朱家人坐在洞里安静地享受着自然带来的果实。这时，我开始明白，自然使人们变得渺小，却又拯救着人类。

夏日无论多热，总还能让人活下去，冬天的日子却很难熬。我站在洞前，看到巨大的洞口建在山坡高处，周围是平地，洞里有两个穴，一深一浅，一大一小，上面刻着"黄石洞"三个大字。在枝叶的覆盖下，我似乎看到朱良盛一家生活在洞中的情景：钻木取火，打野兔，地上铺草，一家人挤在一起取暖……他们把凄凉和委屈吞咽，期待春天到来。

最深的痛苦来自那些逃荒的日子，他们都是一些凡人，灾害夺走了他们故乡的家。

明代洪武二年（1369），始祖朱良盛带家眷从河北枣强县一路逃荒到村子。朱家有一匹枣红色高头大马，它健美的肌肉泛着油光，跑起来，身上的长鬃在风中摆动。它似草原上的一匹骏马，有势不可当的力量。传说，这匹马长鸣一声能震动附近山岳，四蹄腾空贯风雷，山中豺狼虎豹不知道它是何怪物，都不敢靠近它。这匹马是绝顶好卫士，为生活在丛林里的朱良盛一家带来安全守护。据说，在逃荒的路上，朱良盛宁愿自己饿肚子，也要给大马充饥。他抚摸着马头，骄傲又得意。马似乎通人性，于一匹马而言，对主人的回报就是实实在在地为主人做腿脚。来到村子安顿下生计后，朱良盛为大马梳理并剪齐了马鬃，看上去十分整齐，却失去了大马当日的威风。不料，在一个风雨交加的夜晚，大马竟然被下山的老虎吃掉了。朱良盛一家悲痛难忍，没有大马看门护洞，他们准备迁入村中。

这是传说，可能只是一种想象，随着时间的流逝，慢慢地变成人们眼中的现实，模糊而又清晰地存在于村民的记忆里。

外乡人进入村子没有那么容易。当时村庄里住着赵、李、张、石、康几户大姓人家，石、康两姓人家合计阻止朱良盛一家进村，他们认为"朱"吃"屎"（石）、"糠"（康），关乎他们的生计性命。朱良盛一家只好在洞中住了很多年。他们一家为人善良，帮助村子里的人们打草、挑水、修建房屋，逐渐被村子里的人们接受，后来终于在村中搭建起简陋的石房。朱家的闺女嫁到本村赵家，朱家与赵家结成连理。从此，石、康两家宣布与朱家为敌。时间似乎和朱家建立一种契约，记录下石、康两家的罪行。据赵大娘说，石、康两家后来在村子里绝后，这两个姓氏从此消失了。是什么原因让他们没有后代，谁也无法说清。我明白一个朱家信奉的事实：善欲人见，不是真善；恶恐人知，便是大恶。

朱家在村子里慢慢建立起威信，人口越来越多。光绪年间，朱家朱凤皋考取五品举人，并在家族立起一座旗杆，命名为旗杆座，成为家族做官的标志。他成功考取举人，成为家族的引领、村庄的骄傲。这面写满字的旗帜在时间中被拉长、拉远。

我坐在旗杆旁，度过了一个下午，看着那些灰色的房屋与远处新建的楼房形成鲜明对比，用"古老"一词来形容，显得更加恰当。在旗杆的引导下，我开始了对村庄的探索。

据《章丘地名志》载，朱家峪，原名城角峪，改为富山峪，后改为朱家峪。从城角到富山，村子的名字承载起历史的变迁，这的确是一座富山，在清代人们就在此建造出双轨古道。

我沿着石板路往南走，穿过稀疏的丛林和古老的石桥，偶尔听见几声鸟鸣，鸟儿拖着长腔，向远处飞去。漫步在山路上，高大密集的枝叶给人一种安全感。眼前是一座石头房子，门口的石碑经过漫长的岁月已被风吹成白色，碑上刻有官帽。石碑雕刻官帽，是告诉后人不要忘记先人曾有的身份和地位。我看到那些精美的花雕在阳光照射下发出寂静的光，那些光一直弥漫进石碑上的每一个汉字里。

其中一块石碑上的官帽在时代的变迁中流失，人们用类似的石头补雕上，发白的石头与新补的石头材质完全不同，这些先人留下的残片是我们探索历史的入口。在工业化技术快速发展的今天，人们用模型刻出官帽，但它无法代替手工的温度，石头颜色的对比使现实与历史相隔而望。

我喜欢这些老建筑，它们是都市里缺少的。房屋保存了自然的本质属性，无论时代如何变幻，它始终如一位老人，安静地坐在树下，向人们诉说前尘往事。

我站在朱家祠堂门前，感受到历史的气息阵阵奔来，一座建筑往往能反映出主人的世界观，让我感受到陈旧中透出的威严。拱门上翘起的檐帘恰似一顶宫廷官帽，"朱氏家祠"四个大字，字字劲健，上面雕刻着菱形组成的七星图。朱熹出生的时候，脸上右侧有七个黑点，像天上的北斗星，由此北斗星成为朱氏家族文运图腾的标志，也代表着七星高照、吉祥如意。设计师把朱氏族人的故事一起植入建筑中，以此激励后人刻苦读书，成为栋梁之材。

推开锈痕斑斑的大门，跨进大院，寻找主人生命的痕迹。宅院分内院和外院，外院影壁墙依山而建，飞檐在雕满花纹的方砖上显得精雅与古老，墙上雕刻圆形底盘，中间方孔。我将圆形底盘拍成图片仔细端详，才发现这是一枚铜钱，它被当作饰物砌入墙体，把人们的愿望隐藏在石雕之中。敏感的人可以感受到石匠的呼吸声，人们超自然的崇拜也渗透在民俗雕刻里。一位老石匠告诉我，好石匠要看他懂不懂石头，人懂了石意，石也就懂了人心。

院子变得深沉，失去了往日的活力。我走到墙角，视线集中在一行字上："十三世朱世杰，十五世朱秉忠、朱秉刚倡议举建朱氏家祠。"祠堂宏伟古朴，影壁左侧有方形石碑一同被砌入墙体，记录下重修朱氏家祠碑记："朱氏家祠创建于清光绪八年，历时既近周甲，屋瓦日以破碎，椽桷渐就朽腐，民国十六七年间，匪患饥馑，迭来相逼，族户咸各仰屋兴叹，虽祖庙为先灵所托之地，竟亦无力顾及，迨至二十一年之腊，村市成立祠之门前台地，市人辄辐辏踵至，翠柏石阶，时有损污，祠之修整乃益不容缓，爰经族众决议，祠堂之屋瓦厦，椽则去其旧而易以新，复就祠外门台西面旧有之石栏，改修为花墙。墙之中增设铁栅门，栅门之内、峭崖之下建一映壁。是役也，未匝两月而功告成。岂其为壮观瞻而已哉，抑以使垂永远，而昭后生以报本之意云尔。秉宪撰

家祠碑刻

文，连澍书丹。民国二十六年荷月立。"影壁右侧刻有各支首事及捐工人的姓名，秀美的文字记录下一代代人的丰功伟绩，成为祠堂的守护神。

一道影壁墙挡住外人的目光，院子里曾有的秘密，外人是看不到的。从古到今，一个人无论是在外流浪或是做至官员，都会把故乡的院子当成生命中的一部分，俗话讲叶落归根，这种形式是一种灵魂，是一种特有的情结，承载起中国文明最精彩的篇章。

我把影壁墙上的碑文记录下来，那些或深或浅的文字，是族人生长不息的命脉，将人们对生命和繁衍的渴望用特殊的方式呈现给后人。

从内院进入堂屋，简约而结实的房屋结构从来没有随时间而改变。屋子主人朱良盛的照片悬挂于中堂之上，他身穿绿色交领袍，头戴四方平定巾，帽子中间镶嵌椭圆形白色纽扣，浓黑的眉毛下一双善良的眼睛注视着祠堂，黑色胡子搭在圆领衫处。我似乎能感觉到他的触觉在四季中的变化，坚定而厚实。

中堂里有关于明清至民国年间朱氏家族名人的介绍，两侧有一楹联，上联曰："紫阁祥云物华天宝"；下联曰："朱轩瑞气人杰地灵"。西面墙上悬挂六幅《朱子家训》条幅，这是朱子的治家格言，它涵盖了生命的一切。家训悬挂于堂屋，约束着人们的行为，用沉默的文字来回答朱氏家人所有的问询。此时的阳光照射到墙上，关上祠堂大门，我似乎在一条狭窄的石板路上遇到穿着布衣的朱氏家人，他们藏在时间深处，用他们的身影和言行诠释出朱氏家训。

房子里散发出潮湿的味道，我看到朱良盛从黄石洞搬至村庄，一路上坎坷泥泞，但他咬牙坚持下来。从图片上可以看出，无论是穿戴还是表情，朱良盛都是严肃的，但其严肃的外表下隐藏着淡定与从容的内心。几百年的沧桑风雨，夺走的只是消失的外表，而在祠堂里，他身上散发着朱氏族人的贵气。

我终于明白家祠的那扇门意味着什么。无论时间如何变幻，门始终是强大的融合剂，联系着过去、现实和梦想。

JINAN 济南故事

第六章

梅花香远琴心古

"梅花香远琴心古，瑶草春深鹤梦闲。"

梅花、古琴、仙草、野鹤，把这些词语放在一起，以艺术的形式跃然纸上，献给慈禧太后，是大清状元陆润祥最擅长的表达方式。慈禧太后称赞陆润祥的书法清华朗润、方正光洁。慈禧喜作画，尤爱梅花、兰花，每次作画都会命陆润祥题字，并赞赏他的书法前无古人，后无来者。正因这份赏识，陆润祥成为爱新觉罗·溥仪的书法老师。

陆润祥用一支笔把我的目光引向清代。梅花的芳香忽如一阵风吹开时间的大门，随空气的推移而渐渐远去。正值深春三月，颐和园里盛开的花儿，如传说中的香草，饱含着自然的气息，伴着层层云雾，野鹤如入梦之悠悠，独往独来，无拘无束。徜徉在清代竹纸上的文字间，我仿佛回到了一百多年前那个长风吹过的时空。

陆润祥把慈禧最爱的梅花和兰花，用一句诗表达得鲜美透明。那些暗藏在诗中的植物，不动声色地藏进慈禧的身体里，在某一个时间，开出粉色的花朵。陆润祥似乎对慈禧的喜好了如指掌，在某些方面，甚至超过李莲英。一句诗让我产生遐想：慈禧老佛爷深居后宫，却独断专行，大权在握，她回忆起年轻时的貌美和才华，那时她的世界是单纯的，连语言都是干净的，闲云野鹤般的日子才是她追求的生活。然而，她的内心又是野性的，如辽阔的草原上生长的瑶草般旺盛，野草的生命力可以从宫内一直延深至遥远的蒙古大草原。这样的心绪只有陆润祥能够用一句诗来表达。

2019年10月，因为田野调查，我无意间到达济南平阴的一个村庄，那里美丽而恬静，并且还有关于丁兰孝母的传说。进入村子时，这一天正是丁泉村大集，不宽的街道两旁摆满摊位，每个摊位都是将一块塑料布铺在地面上，其中一个卖青菜的摊位上摞起一层层大白菜。听附近村民讲，丁泉村的白菜最好吃，冬天煮上一锅白菜粉皮炖豆腐，吃起来别提有多舒畅了。丁泉村的土地养人，处处有泉水，这里的白菜是喝着泉水长大的。

穿过拥挤的街头，我站在村子中央，被一座老房子所吸引，粗大的槐树枝叶覆盖住屋顶，房子是由土坯和石头砌成，灰色的小瓦别致古朴，小瓦上雕刻着菊花。菊花是花中四君子之一，有清霜傲雪的品格，也代表长寿。除梅花、兰花之外，慈禧最爱的便是菊花。中国古建筑中，尤其是宫内，常有连廊或影壁雕饰菊花。建筑中隐藏了中国人的品格，于一块瓦片中体现出文化。我看到房顶长满枯草，蓝色的门牌号显得更加夺目，我用相机拍摄下丁泉村420号。据文化站的朋友讲，这个老院落是清朝大太监李莲英的老家。李莲英没有文化，他的一生都在皇宫里度过。他把慈禧最爱的菊花刻在

村子里的丁泉

房子上，可见，在李莲英的视线范围里，慈禧就是他的全部世界。

　　一百多年的沧桑风雨侵蚀了老院子的外表，但房子的身上依然散发着与众不同的贵气。我向院中走去，卖白菜的吆喝声顺着院子里的土路流向李莲英的老院子。我跨进深宅大院，寻找老主人生命的痕迹。院子是大院套小院，每个院都有一扇大门。大门虚掩着，透过缝隙，我看到一位80多岁的大娘正在做韭菜饼。老人半头白发，穿着红色碎花布衣，她好像知道我是来看老院子的，热情地招呼我进屋喝水。房子设施简单，进门摆一张八仙桌、两把椅子，还有一张床，房子的角落里摞着两个旧式箱子，上面挂着勺子、筷子笼、油刷子、洗衣架。屋子虽简陋，但吃的、用的一应俱全。院中还有一位大爷，身穿灰色秋衣，面目清瘦，头上几乎看不到太多的白发，从他的肤色中我读出了健康。他今年80岁了，一直下地干活，我去的时候，二老刚刚从地里刨地瓜回来。

　　我在交谈中得知，大爷名叫李得卿，他的哥哥叫李得臣。"卿"和"臣"二字是二爷爷李莲英所起，代表古代高级官名，也象征皇家身份。在李莲英的

房子院墙

心里，他无法改变自己的身份，就试图借名字改变后代的命运。从这一点上，我想，李莲英站得高，看得远。他历经痛苦与磨难之后，被封为正二品，统领全宫宦官，是历史上唯一一位太监中的正二品大员。然而，正二品给予他的是财富和殊荣，但他毕竟是个宦官，无法满足一个男人真正想要的，也就是后人接绍香烟，他希望他的后代才华熠熠，官居一品。这样一来，我们就不难理解李莲英用卿和臣二字为后代起名的缘由，他把希望寄托于侄子、孙子身上，希望李家能出一位爱卿或大臣。

李得卿清晰地记得，他八九岁时就住在这间屋子里，八仙桌背后的墙上挂着一副对联："梅花香远琴心苦，瑶草春深鹤梦闲。"那是清代著名书法家陆润祥的亲笔。记得那年，李得卿的二爷爷李莲英第一次回乡，穿着浅紫色褂子，叉裤挂在腰上，外面套一件深紫色马褂。这样的打扮，李得卿第一次见，村里人也是第一次。家里围了里三层，外三层，那场面顿时变得像赶大集一般，大家都传着宫里来人了，人家是穿着马褂来的。李得卿说，李莲英带回来两个卷轴，卷轴两头为深棕色圆木，他展开卷轴将其挂在了八仙桌后的墙上。一幅是陆润祥的对联，另一幅是慈禧太后的菊花图。这两幅字画一挂就是几十年，从来没有动过。后来，这两幅精致的艺术品随着岁月的变迁消失在特殊的年代里。

李得卿拿起笔，在桌子里找出一张废弃的纸，在反面写下这副对联，给我留作纪念。令我没有想到的是，他一个刨地的农民，却写得一手好字。我猜想，这或许是和李莲英的家传有关。这行字在屋子里飘荡，我仿佛看到当年李莲英回乡时的样子：他拿起卷轴，在椅子上铺一块垫布，小心翼翼地站在椅子上，将菊花图挂在祖宅的墙上。我在李得卿的回忆中复原慈禧太后的菊花图，一丛丛黄绿色的菊花迎风傲霜，茂密的枝叶托起盛大的花朵，花枝自然清透，斜插于竹纸上，枝叶浓淡恰好。想象着这幅菊花图，我仿佛走进另一个世界，那里开满黄的、粉的、绿的菊花，清丽脱俗，在东篱的院墙下，在风雨中，散发出独特的味道。

慈禧爱菊，甚至把颐和园那些红色、绿色的菊花戴在头上，挂在身上。她爱菊，用笔墨作画，留下美丽的菊花图。她爱菊，每年十月，命人采下上等的菊花晒干，放在枕头里，枕着睡觉。这些菊花都是由李莲英亲自挑选。慢慢地，李莲英也爱上了菊花，他讨来慈禧的菊花图，悬挂于祖宅，让祖宅也沾上老佛爷的贵气。这份贵气到了他的手上却又变得朴素，他把对慈禧所有的敬重都收容在祖宅里。

这时，我突然发现，李得卿眼睛里泛起泪光，那是对一幅字画的不舍，更是对二爷爷李莲英的怀念。他颤抖着手，毫不保留地讲给我听，那幅菊花图像活的一样，几十年来一直都活着。我知道，那幅字画在他心中占有十分重要的位置，尽管它们已经不存在，但它已经与李得卿的生活交织在一起，承载了他与亲人的聚散离合。

那一天，我们聊天至午饭时间，我想请两位老人去镇上吃饭，却被他们拒绝

李得卿写下当年陆润祥留给二爷爷的书法

了。李得卿说："如果你不嫌弃农家饭，就留下来吃饭吧，尝一尝你大娘的手艺。"我其实是更想听老人家讲关于李莲英的故事。在二老的盛情下，我吃了顿他们亲手做的饭菜。老人出去买了鱼罐头，倒在盘子里，算作一个菜，又做了茄子炖肉、大葱炒豆腐。茄子不是用刀切的，而是用手掰成块，豆腐也一样，用手掰几下，放锅里一炒，就装盘了。老人做事动作麻利，不像是80多岁的老者，一边炒菜，一边翻看电饼铛里的粗粮饼。饼馅是用她上午从地里带回的野菜做的，将野菜用水淘洗干净，抓上几把玉米面和小麦面粉，搅拌在一起，摊放在电饼铛里。李大娘做的饼和其他地方不一样，厚厚的，咬上一口软软的。李大爷劝我多吃几块，对我说："你们年轻，消化得快。"

李得卿突然想起小时候二爷爷李莲英的教导。那时，李莲英已告老还乡，但他在生活中一直保持宫里的规矩。宫里的小孩子不吃晚饭，他教育李家子孙，中午吃饱，晚饭只喝米汤。一直到现在，80多岁的李得卿一天两顿饭，晚饭只喝米汤，这成为他一生的习惯。

古人一日两餐，根据太阳在天空中的位置来计算吃饭时间。当太阳行至东南角时，叫隅中，早饭要在隅中之前吃，宫中也叫朝食。朝的意思是一天的开始。在皇宫里，皇帝一般在早晨召见大臣，称为上早朝。在古代，很多生活习惯都是从皇宫里流传到民间的。写到这里，我忽然想到，所谓朝食，是皇帝在一天中吃的第一顿饭，一般是在早朝前进餐。第二顿饭叫哺食，一般是在申食进餐，也就是下午四点。这样的饮食习惯在皇宫里一代代沿袭，没有谁会破祖宗的规矩。皇帝一天不能吃三顿饭，妃嫔、大臣、侍女、太监自然更不能超过皇帝。久而久之，在皇宫内形成不吃晚饭的习惯。

据《千金要方》记载，夜饭饱，损一日之寿。也就是说晚饭吃饱，会折损寿命。皇帝乃九五之尊，自然会遵从养生的法宝。慢慢地，这些习惯流传至民间，人们都知道，一日两餐会延寿。由此可见，民间的很多习俗来自宫廷。李莲英在宫里度过大半辈子，生活遵守宫规，早已成为习惯。即便是老年回到乡村，他仍然保持一日两餐、晚饭只喝米汤的习惯。李家子孙中不只李得卿，还有更多的孩子，都是从小养成这样的习惯。我看到李得卿轻轻地拿起筷子，夹住菜，慢慢放进嘴中，又把筷子头搭在盘子上，另一头放在桌子上，品尝饭菜的滋味。这些味道与生活中的酸甜苦辣交织在一起，产生回忆。交谈中，他仿佛想起很多往事。李得卿虽没有生活在朝廷，却受二爷爷李莲英的影响，一直沿袭宫中的行为。他朴素、真诚，爱干净，并且相信这个世界上有丢不掉的东西，那就是一代人从小培养成的习惯。

吃过午饭，李得卿拿出一本李氏家乘。这本家乘字迹清晰秀美，字体既不像楷书那样笔画平直，也不像草书般飞扬奔逸，将村里人的个性书写得酣畅淋漓。上面写着：第十一世，兆祥，字樾亭，敬先府君之次子，为清室内宦，生于光绪十二年五月十一日午时，卒于一九五四年四月廿四日申时，无嗣，过胞弟兆华之长子学乾为嗣子。

从这份李氏家乘来看，李莲英出生于1886年，名兆祥，卒于1954年。68年的时间里具体发生了什么，我们无从得知，也无法再现。我们所能看见的是记录那些时光的文字和那些见过李莲英的亲人，比如李得卿。他是这段历史的见证人，可以证明李莲英的真实身份。我的考证和历史记载是有差距的。我在网上买了本《李莲英传》，据资料记载，李莲英生于1848年11月12日，原名李进喜，清咸丰五年净身为太监。从出生年龄上来看，相差38年。我越来越怀疑事物本身，到底那些年发生了什么，是历史记载出现了问题，还是有其他原因，有待史学家去考证。

据李得卿讲，二爷爷李莲英5岁时非常调皮，和家里小狗打闹，被狗咬掉生殖器，他连续哭了四五天。后来，父母考虑到孩子还小，将来也无法生育子嗣，得给他寻口饭吃，便委托附近杨河村的一位老乡在宫里为他寻个差事。经老乡介绍，李莲英12岁顺利进宫，后来，他的大部分人生都留在了宫里。

李得卿清晰地记得，二爷爷李莲英第一次回乡时的情景，他身穿紫色马褂，带回来一对樟木箱，箱子里放着一面镜子。这面镜子是慈禧太后赏赐给他的。他拿出镜子给母亲看，那是一面铜镜，李莲英的母亲第一次见到这么精致的镜子，没舍得用，将镜子锁进了樟木箱。李得卿说，镜子背后刻有一个蓝色孔雀，玻璃背面写着几个字："英国纸烟公司赠"。其中，"烟"字是古体字写法"煙"。李莲英的母亲想儿子时，就拿出镜子用干布擦净，再放回去，一擦就是几十年，镜子却从未变过颜色。后来，李莲英的母亲过世，这面镜子传给了李得卿。在20多年前，由于家境困难，李得卿以120块钱的价格将镜子卖给聊城收古董的人。说到这里，李得卿十分后悔，他说应该保留下那个宝贝，镜子上那只绿色孔雀绿得发蓝，那种绿是你没见过的。我在他的眼神里读出了那份后悔与不舍。他内心最大的不舍不仅是李莲英留下的宝贵的物件，更是镜子里映照出来的历史。

李莲英回到丁泉村，阳光洒满院落，他背靠在土墙上，拿起这面镜子反复地照，里面的老头清瘦，早已没有当年在宫内的威风。一缕风吹过，它越过土墙，顺着灰瓦悄悄吹拂着李莲英的身体。镜子让人产生回忆，让李莲英在济南的山村里流下想念的泪水。他想起当年一个小太监成长为二品大员，也是从照镜子梳头开始的。慈禧太后有一头长长的黑发，她珍爱这头长发为之带来的青春，因此对梳头太监非常挑剔。李莲英为博得慈禧的青睐，转遍北京八大胡同里的青楼，学习梳头。梳头是件简单的事，可慈禧身边没有一个人可以做好这件事。李莲英得知后，心想，只有把难办的事办好，才能得到出人头地的机会。如何才能梳好头，又一根头发不掉，这是他要解决的难题。他行走于八大胡同细细揣摩那些发式，有的高高盘起又散落在双肩，如孔雀开屏；有的根据发髻线分叉盘起，插上一只步摇随风摆动。他很快学会了各种发式，这些发式需要根据每个人的脸型来定。第一次给慈禧梳头时，他观察了一下太后的长相，用梳子蘸上异香的发油，从左面盘起用扁簪卡住，又从右面盘起交叉于中间，形成扇面状的莲花髻。他以发髻为底座，轻轻地给慈禧戴上旗头板，在侧面悬挂上流苏，一个新式的大拉翅就梳成了。慈禧坐在梳妆台前一照，只见镜中的自己在发型的衬托下更加端庄典雅，呈现出高耸挺立的风貌，十分漂亮。慈禧对着镜子左看右看，心想终于找到一个满意的发型师。在以后的岁月里，李莲英根据慈禧的服饰、心情，每天都会梳出不同的发型。季节不同，发式也各有不同：冬季梅花式，秋季菊花式，夏季荷花式，春季杨柳式，慈禧将各种发式展示于皇宫之内，李莲英也由此成为红极一时的人物。

如今，李莲英倚在村子的土墙上，慈禧的威严和美丽都已消失在眼前，只有眼前的铜镜映照出曾经的辉煌。我记起李得卿的话，二爷爷不顾家，心里也没有家。对于一个12岁离家的孩子来说，跟随太后50多年，皇宫就是他的家。从京城到济南有800余里，他逃回老家，带回一面铜镜。或许，这面镜子装着他的人生，他仿佛能在镜子里看到慈禧。我看到沿着土墙的杂草肆意疯长，那些曾经的荣耀都消失在大地上。

在这里，我目睹了李氏家族真正的存在，族谱以直观的方式呈现在我的眼前。据李得卿回忆，当年二爷爷李莲英倚在土墙上晒太阳，给他讲年轻时的事情。李莲英曾亲自抱着溥仪登基，那时溥仪只有3岁，按清宫规定不足登基年龄，故有了天增3岁，地增3岁，文武大臣增3岁，这样溥仪以12岁登基写入清宫玉牒。皇帝登基是宫里最重要的仪式。那天，皇家侍卫严密驻守紫禁城各道大门，天未亮，文武百官就身穿朝服依次进入紫禁城。李莲英抱着溥仪坐上宝座，同时完成了大总管的使命。

写到这里，我忽然被一串数字扰乱。溥仪登基那年为1908年，如果按照李氏家乘记录的时间来推算，那一年李莲英只有23岁，我开始越来越疑惑，是历史掩盖了真相，还是记载出现了问题？慈禧的菊花图以及被他卖掉的孔雀镜，这些宝贵的物品，如果不是李莲英，还有哪个普通太监可以得到呢？至于丁泉村的李兆祥究竟是不是李莲英，需要历史学家去考证。

我坐在这间普通的屋子里，从李得卿的回忆中复原一个时代。他从房子的角落里搬出一个木箱，箱子上贴着红色福字，顶部砌了几个长钉，盒盖上的铜锁已锈痕斑斑，呈青黄色。这个箱子是李莲英从京城带回来的，由樟木做成，这样的箱子一共有两个，李得卿兄弟二人每人分得一个。箱子成为二爷爷李莲英留下的唯一物件，承载着李莲英在皇宫里曾经的辉煌。我抚摸着樟木箱子，打开了另一个空间，仿佛通过黑洞洞的箱底穿越到清代。一座大清宝殿正面朝南，李莲英正迈着碎步，手拿甩子，穿梭在宫殿之中。

据《清史稿》记载，慈禧死后，李莲英逃往山东，下落不明。他的老家在河北大城县，为什么会逃往山东呢？这是一个历史性问题。由此，我想到了一种更大的可能性，那就是当初李莲英知道在皇宫里做事，随时都有可能掉脑袋，甚至招来灭族之灾。故他离开家乡，篡改年龄，更名进喜，这样一来，一个人无论如何闯荡，都不会连累家族。这或许是保住族人最安全的方法。

我想起李得卿说过的话，二爷爷从京城步行20多天回乡，带着一对樟木箱，路上遭土匪追杀，他将带回的元宝藏在农民的白菜地里，才躲过一劫。第二天去地里寻找元宝时，他早已忘记放在哪一陇地里了。我们不难想到，一个曾经跟随慈禧大半生的人，一个曾经大权在握的人，在慈禧走后，定会遭到反对派的追杀。在生命面前，那些京城的荣华富贵显得微不足道，只有回到别人不知的地方，才能活下来。李莲英虽为太监，但也是见过大世面的人，他曾踏遍皇宫的每一个角落，吃过满汉全席，穿过锦衣玉缎。如今，这些物质的东西都已成为过眼云烟。只有翻过山的人，才更加珍惜站在平地上的时光。所以，我们不难想到，李莲英能从一个小太监干到二品大员，他早已规划好自己的人生之路。

晚年他回到乡村，对乡村生活非常不适。他自己种地，麦浪在丁泉村的土地上蔓延，这样的景象让李莲英眼前发亮。于是，他拿起小镰刀，翘起兰花指，割下一缕麦穗带回家。村民们都笑话他，说他是给兔子打草，不是农忙的收割。由此，李得卿也承担起了二爷爷的生活起居。

历史的车轮滚滚向前，李莲英那富有争议的一生连同人们对他的褒贬不一的评价一起淹没在时间的洪流中。

我站在这座房子里，吊角屋檐，雕花影壁，古老的套院变得厚重起来，窗口透出一抹新绿，将我的思绪拉回现实。自然、历史、生命，都紧紧地与这座老房子联系在一起。一个人无论走得多远，都终将回到最初的地方。

走出院落，看到一股泉水自华盖山流出，在村子里汇聚，一路向东流去。那些村庄里的人与事都随泉水一起渗透进大地之中。

第七章

JINAN 济南故事

穿越时间的老僧口村

一

一个渡口，一位老僧，组成了一个村庄的名字，一直沿袭至今。

这是一个神秘的词语，不知里面暗藏着多少秘密。当任何事物没有被考据或思辨的时候，人们总是在寻找它神秘的所在之处。正如从渡口进入老僧口村，不知道会遇到什么。那个时代交通不发达，需要渡船，老僧一年四季在这条河上摆渡，他是村子里活着的字典，更是神秘的人物。

夕阳下的渡口在光照下绵绵延长，似一条纽带通向清河，两岸郁郁葱葱的枝叶一直覆盖向远方。老僧滑动竹篙，用力撑向水底，木船动了，向对岸驶去。人们乘船不仅为了出行，也为了交流最近的新闻，传播小道消息。渡船是诉说家长里短的地方，也是连接生活的中转站。如果村子近几天有什么重要的事情发生，人们可以起个大早，坐船到对岸去，发红贴、白贴，传达给对岸的亲人。

由此，渡口变成公共场所，各种信息从这里传出来，村子里的悲欢离合通过老木船带到千家万户。它联系着村民们，也联系着村子与社会。因此，渡口和老僧曾经在村子里非常重要。

我来到村子，没有看到老僧，也没有看到渡口，老僧口成为传说。至于老僧叫什么名字，村民们都不知道，但是当年村子离不开渡口，也离不开老僧。

老僧和渡口组成村庄的总称。我知道，渡口是村民们敬重的地方。有时候，坐在岸边的老人会聊起村子的过去，他们回忆起年轻人不关心的话题，时常讲起村子曾经的辉煌。岁月改变了很多事物，虽然如今老僧、渡口和渡船已消失，但船依然行驶在时间的长河里，变成村子的文化符号。

老僧用竹篙撑起船，来往于河两岸，乘船的人可能会给一文钱，也可能给一吊钱。日复一日，老僧用攒下的积蓄为村子修路和建学校。他是有血有肉、有情感的人。历史上，少有僧人像他那样，有为民修路、建学校的大胸怀。

老僧承载着这条河的历史，也承载着村庄的历史。

我试图对老僧口村进行全面考察，从摆渡到建学校，老僧是怎样与村庄联系在一起的？这个问题带领我去考察村庄独特的历史文化。

当年的渡口成为传说，取而代之的是今天的石桥。人们匆匆忙忙地在桥上行走，桥成为过往的工具。桥与船让我产生遐想：一个是木质，一个是石质，它们形状不一，质地不同，承载的情感和历史自然也不同。

随着时代的发展，村庄发生变化，这变化不仅是老一代人离去，新一代人到来，更是因交通工具发生变化，生活从根本上随之改变。

只有老人坐在大槐树下以回忆的方式念叨起渡口，才能再现老僧摆渡的画面。因此，老僧、渡口，是实的，也是虚的。那份虚是历史的留白，也是人们的怀念。

<h1 style="text-align:center">二</h1>

公元686年，一个春天的早上，天空中飘来一片片白色的祥云，它们堆积在一起，如同一朵绽放的百合花。很多年后，人们还在讨论这朵盛开的百合花，它背后隐藏的故事充满意外，超出人们的想象。

洛阳城中有个神秘的匣子，匣子共为一室，中有四格，上各有窍，以受表疏，只进不出。这是武则天专用的铜匦，用于百姓检举和倾诉心中不平。

武则天的手每一次伸向格子，发生的事情不同，命运走向也不一样。每一层格子中纸上的文字或是吉祥，或是噩耗，这些纸信在一定程度上表现出设立铜匦的重要性。

那一年，匣子的第四个格子收到一纸表疏。当上官婉儿解开半袋，卷轴缓缓展开，一个重大的事件展现在武则天眼前：山东历城县老僧口村卧着一条"巨龙"，如果不将"巨龙"拦腰斩断，恐怕大周将天下不保。武则天的手不觉地动了一下，沉思半天，她甚至能感觉到"巨龙"腾空飞起。上官婉儿读完文字，武则天心中为之一惊，她突然想到，"巨龙"的出现也许可以改变一代帝王的命运。这事件是否带有什么暗示或者预兆？遥想当年，袁天罡看武则天长着龙一样的眼睛，凤凰一样的脖子，富贵至极，便预测她有朝一日会登基为帝。

传说中，那年三月乍暖还寒，牡丹含苞待放，层层花瓣包裹着洛阳城。武则天召见风水先生。风水先生与家人诀别，惶恐地跪在铜匦前说："老僧口村地势南高北低，中间大街宛如龙的脊背。村子背依清河，龙又喜水，若不将其斩断，恐怕它会兴云降雨，坏我大周。"武则天听了风水先生的一番陈述，决定采纳他的意见，便下召令，在村子中央由东向西开凿一条人工河。河将"巨龙"拦腰斩断，分成两截，变成"断龙"。为了把这条即将腾飞的"巨龙"彻底镇住，朝廷在"龙头"和"龙尾"的位置建造了团圆殿和玉皇宫。

村民回忆，大殿的房顶上覆盖着黄绿色的琉璃瓦，瓦片在阳光的照射下发出金色的光。进入大殿，殿内雕梁画栋、美轮美奂，堪称人间仙境。每逢初一、十五，方圆几十里的男女老少都会前来焚香祭拜，祈求风调雨顺。空气中凝固着香的味道，这香味甚至使得附近的鸟都不会飞过来。

虽然武则天将"巨龙"斩断，但村子的重要性和特殊性并未改变。"巨龙"给村庄增添了更多的历史价值。一切都会变成过眼烟云，唯历史的传说将会永存。

从此，老僧口村多了一条河流。那时，这条河没有名字，后因赵匡胤曾在这条河上运粮而过，便得名"赵王河"。

八月，荷花开了，小清河红艳艳的，荷叶铺向远方。也许是我对老僧口村的历史产生的兴趣引诱我前往。经过大约一小时的车程，我抵达老僧口村，没有遇见武则天，也没有看见被斩断的"巨龙"。眼前是一条干枯的河流，两岸的大树簇拥在一起，覆盖住赵王河曾有的神秘。

赵王河桥长30余米，每块石头皆布满斜纹，拱形桥洞从河底端至桥顶部由十层石头砌成，桥上新修的护栏与古朴的桥身形成鲜明对比，桥中间刻有龙头。我注视着石桥上的每一块石头，寻找历史的踪迹。沿着陡坡往下走，站在桥下，可以看到桥孔对面枝繁叶茂。这是我第一次看到赵王河的全貌，泥土和石块的堆积使赵王河早已没有了往日的壮观。

在桥头上雕龙，我第一次见到。因是宋太祖赵匡胤走过的桥，它便不再是普通的桥。我走到桥下时，鞋里已灌满泥土。我的手指触摸石壁上的龙头，龙头的每一条纹路都清晰可见，它的额头上伸出两只龙角，眼睛放出光芒。我轻触着每个凹凸的地方，感受时间的流逝。阳光下，我看见当年的石匠用铁锤和刻刀轻轻敲击石块，每一处细纹都饱含匠人的情感，石匠和雕龙一同化成一个时代的背影。人们在桥头上雕龙，是为了让后人知道赵匡胤曾来过村庄，它象征着慈善、力量、丰收和变化，人们可以从中感悟历史的意义。

赵匡胤经过陈桥事变登上皇位，建立北宋。自登基起，他总是想："身为诸位将领拥立而登基的皇帝，若有一天他们另拥新君，我又将如何保住大宋？"他为之失眠，总认为卧床以外都是别人的地盘。他决定加强中央集权，利用战争创造统一。为长期驻防北方要地，加大对契丹的防御，他把粮草运输作为重中之重。粮草是军队的力量之源，它是宋朝的"特种兵"，肩负着胜利的使命。

当年赵匡胤路过老僧口村，如今石桥是唯一的见证者。赵王河，听到它的名字，就会让人想起宋太祖赵匡胤运粮的景象。我到达村子时正是晌午，八月的阳光显得有些毒辣。我好像听到士兵摇橹的呼喊声、橹和水的摩擦声，看到当年河水在桥下流过，浩浩荡荡的运粮队向远处走去。

我向天空望去，耀眼的阳光伴我感受当年的情景。木船上飘扬的"宋"字是运粮兵心中的战旗，他们个个

赵王桥

都是弓箭手。为确保粮草顺利运往重要的军事基地，他们度过了无数不眠之夜。眼前的一切是真实的，我不是来欣赏一座残留的石桥，而是在残败中重构消失的历史。

三

老僧口村还有另一个名字，叫"台邑"。这不是一般的名字，邑，城市，指诸侯国。清代历城地图上显示，台县在白云湖西。村子东靠白云湖，湖内野生白鲢肉嫩肥美，荷花莲藕水天相接，白云英英出其中，这湖也是宋代词人李清照常去的地方。《续山东考古录》卷一《济南府上·历城县》载："台县故城，在东北八十许里。"刚到村子时，我还没有觉察到它在历史上独特的位置，如此看来，18条大街的背后有一番故事。

春秋时期，齐国丞相晏子喜欢穿粗糙的布衣，以吃粗糙的粮食和仅以盐调味的蔬菜为生。晏子的左右侍从将此事告诉齐景公。齐景公觉得这样苦了丞相，就把老僧口村作为食邑封赏给他，让晏子享受靠封邑租税的生活。晏子却拒绝了，他说："过去我们先君太公受封到营丘，受封的土地有五百里，算是大国。从太公到国君之身的，已经有数十人了，假若只要是取悦君王的人都能因此取得食邑，那么到齐国来求取土地的人早已没有栖身的地方了。我听说，臣子有德则增加俸禄，无德退回。哪有父亲为了让儿子取得封邑而败坏君王政治的呢？"从这些史料中我们可以判断，当年齐景公一定是打算将最好的地方封给晏子。老僧口紧临清河，交通发达，可见它地理位置优越，且在当时十分繁华。

老僧口村的千年历史为其增添了更多的神秘感。

汉高帝六年（前201），戴野立下赫赫战功，刘邦封东郡都尉戴野为台侯，从此改台县为台侯国。戴野是台国的第一任主人，他率军驻守东郡。戴野带领人们产丝、制丝，做出锦衣玉缎，通过赵王河运往各个诸侯国。也就是说，村子在两千多年前已是历史上的风水宝地。

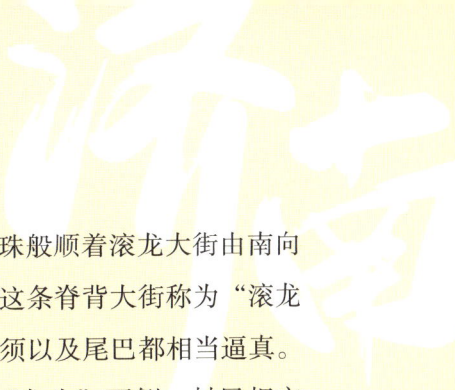

根据村民的描述，每逢大雨，滔滔的流水如龙珠般顺着滚龙大街由南向北滚滚而去，雨水翻滚着浪花，甚为壮观。人们把这条脊背大街称为"滚龙街"。村子的侧影像熟睡的巨龙，头部、眼睛、龙须以及尾巴都相当逼真。在滚龙街南头有两眼古井，它们东西对称，恰在"龙头"两侧，村民把它们称为"龙眼"。继续往南走，有九条通往不同方向的路，它们在"龙口"处汇合，汇合之处叫"九龙口"。从高处往下看，九条道路仿佛是巨龙的胡须，有的弯曲，有的翘起。夏日，路两侧长满野草，那叫龙须草，用来煮水，可以清热解毒。

我端详了许久，看了又看，那真像一条巨龙吗？确是如此，龙头冲南，龙尾朝北，巨龙摆出即将出水腾空的架势，一条河却让巨龙长睡不醒。我心中暗自称奇。

我走到村子中央，站在赵王河桥上。一条河隔开空间，河南岸是老南村，河北岸是老北村，老南村和老北村的村居沿着河分布在两侧。一头石狮进入我的视线，石狮被砌到地上，它的头部失去棱角，被时间抚摸成光滑的样子，眼睛和牙齿却依然能展现出它的威猛。老北村的赵大爷说，这头石狮有上千年的历史，当年石狮被外村人偷走，被本村路过的男子发现，这名男子便将这千年石狮揣到怀里，抱回老北村。村民们商量，把石狮用水泥砌到地上，以求留住这个老物件。从此，这头石狮和大地缝合在一起，它看着村子里发生过的人与事，鲜活地存在于历史中。我抚摸石狮，它似乎发出尖

千年石狮

利的叫声。

老僧口村是一部史书，它有积淀千年的历史，从村子的发展历程来看，这座村庄显然比传说中的更神秘。是的，它是一部口述史，它超越文字记载着一代代人的故事。

我看过一幅老照片，照片再现赵王河上来往的船只、船舱里满载的货物，以及人们忙碌的身影。我无法完全描绘出这儿的地形，只看出在地势起伏之间出现一条河流，四周是散落的村庄，灰房子、白房子聚集成村落。这条河是历史上重要的交通要道。船借着水势顺流而下，人们在码头方便交换物品，由此也给村子带来财富。

老僧口村在济南的东北方向，距离市区约40公里。我无法想象，这么偏僻的村庄中竟藏着一座城堡。据老人讲，村子曾有9条大街、18个巷子、72条胡同，都是沿着滚龙大街分布，条条街巷相通，经纬有序。仅说72条胡同，就足以证明老僧口村曾经的繁华。我从村子西头走到东头用了半个小时，村子似乎比当年还要大。顶着烈日的阳光，带着村子里的故事，我回到家中，翻开2007年出版的《历城县志》。手绘的地图给了我与不同时代对话的机会。"老僧口"三个字印在顶端，这是济南的最北边，每一条街道、每一个门楣都带有不同的历史价值。

县志记载，金代属老僧口镇，明崇祯十三年（1640）属巨冶（野）河路，清乾隆三十六年（1771）属东北乡，民国十三年（1924）属老僧口乡。老僧口村原名老僧渡口，自后唐清泰二年（935）建镇，金代沿置至今，元代曾用名老仓口。

仓又通"沧"，在这个古老的地方，我仿佛能看到深绿色的河水一直流向远方，沧浪的清水可以洗我的帽缨，也可以洗我的双脚。正是这一条河让老僧口村的人有了信念和追求，他们相信自己终有一天会乘风破浪，远渡沧海。

赵王河从村中穿过，把老南村和老北村连接在一起。老僧一辈子摆渡，他看着两岸的村落，时而捕到跳上老船的鱼，时而看到被风吹起的浪。作为一个外乡人，他从来没有放弃对村庄做贡献，在平淡中创造自己生命的价值。老僧圆寂后，村子里的人们为了纪念他，改村名为老僧口村。

我不知道老僧在船上住了多久，目前还没有找到答案，但村落仍在，像千年之前那样，在弯曲的河道上与河水一起均匀地呼吸。

渡口是微观世界，也是宏观世界。微观是指老船上的聊天、消遣、过往，渡口是一个公共场所，从中传达出消息，联系社会。宏观是指它的历史性，渡口记录下武则天、赵匡胤等一代代帝王与老僧口村的传说故事。

愿这些文字能让村庄呈现出有温度的历史，在漫长的河道中开出时间的花。

第八章

≈

娥女：在村庄之间

一

娥女沟村是一个神秘的村庄，从名字便能看出它充满厚重的历史感。娥字中的"我"，本指容貌美丽的女子，在古代也指使用兵器之人，而后又指王族。当"我"与"女"结合在一起，"娥"便成为古代贵族女子的代号。从名字来看，村庄不仅留有文字痕迹，更隐藏有神秘的故事。上苍不会任意创造一块独立于世的土地，只要有植物、人类生存的地方，就具备丰富性和生长性。

娥女沟村有条蜿蜒曲折的沟渠，一直通向白云湖，百姓们叫它"娥女沟"。这只是一条普通的沟，人们却给她戴上一顶王冠，加冕成为娥女沟。在源远流长的历史之中，这顶富丽堂皇的王冠扮演着守护者的角色。娥女身份尊贵，正因她的存在，村庄才显出特有的贵气。几百年甚至几千年来，娥女与村民们生活在一起，在古老的时空里血脉相连。因此，娥女被百姓们尊为圣女。《章丘市地名志》记载："娥女沟村始建于明末，村址选在通往白云湖的水沟旁。取尧女娥皇、女英之义，命村名为'娥女沟村'。"

娥皇、女英是村中最重要的人物，她们身份高贵，嫁到村里之后，很快就为方圆百里的村子带来繁荣。那是远古时期，五帝之一尧有两个女儿——娥皇和女英。尧将国家治理得井井有条，人们安居乐业。晚年时，他想寻找一个德才兼备之人来继承自己的王位。文武群臣向他推荐了舜。舜姓姚，名重华，他身材魁梧，面貌端庄，以孝闻名乡里。舜做事情以德服人，追求和平、忠贞之道。舜顺利通过了尧的考验，尧将自己最爱的两个女儿——娥皇和女

白云湖牌坊

英嫁给了舜，并将王位传给舜。后来，舜与娥皇、女英来到济南，他们在历山下耕种，发展农业；在黄河旁制作陶器，纺布造纱。他们来到平陵城，这里紧邻清河，物产丰富，盛产鱼虾，因为他们的存在，这里成为周围有名的城邑，百姓们很快便投奔而来。这个故事在村子里一代代流传，成为村民们口述的历史。一段历史可以活上千年，这是文化的生命，也是民族的生命。

我们不难看出，正是这些民间传说延续了娥女沟村的文化传统，这些民间传说可以追溯到比史志记载更早的时期，这一点无法在书中得到体现。有一段时间，我经常行走于村庄之间，寻找关于娥女的传说。那天，空气中飘着荷叶的味道，我加入村民之中，与人们一起摇着蒲扇，享受着惬意、凉爽。我之所以选择这些人，是因为他们口中的历史版本与史志不同，他们口中的历史故事在讲述中变化，在变化中又一代代延续，他们是村子的见证人。村民们在心中供奉的不一定全是英雄，也许还有那些与民族和村庄的产生有关的人。我蹲坐在村民们身旁，听他们讲那些传说，仿佛能看到一条通往历史的路。

尧将王位让给舜后，选择云游四方。在离开之前，尧把两件国宝传给两个女儿：一件是女娲用过的镜子，另一件是西王母用过的玉佩。尧告诉娥皇、女英："如果你们遇到危险，这两件宝贝会帮你们化险为夷，保你们平安。"随着时间的推移，娥皇、女英教人们打猎、种植，生活安静且平淡。然而，天有不测风云，那几年年年大旱，人们颗粒无收，生活困难。舜每日祈雨，却不见天空降下一滴。娥皇、女英看在眼里，急在心里。他们开始在土地上挖井抽水，利用地下水浇灌庄稼。不久，地下水也干涸了。她们日思夜想抗旱的方法。一天夜里，忽然狂风大作，将窗户吹破。娥皇梦见父亲尧手拿宝镜朝她摇晃，井口里冒出股股水流，忽然化作一片汪洋。她坐起身来，才发现这只是一场梦。她揉了揉眼睛，想起父亲临行前的话。娥皇拿出镜子，用裙边将灰尘擦掉，那一刻，思念的泪水落在宝镜上。她拿起镜子一挥，不料，脚下出现了一片湖泊，湖面波光粼粼，天空中白云英英。从此，人们就叫它"白云湖"。女英见姐姐的宝镜化作湖泊，她便拿出自己的玉佩往空中一抛，只见一条白龙从天而降，变成一条小河，源源不断地流进白云湖中。百姓们醒来，看到村子前出现一片湖水，湖上升起袅袅烟雾，现出美丽的风景。人们跑到河边，双手捧起河水，一边喝，一边哭，嘴里念叨着："我们有水了，我们有救了。"

从那时起，人们为了感谢和纪念娥皇、女英，就把这条河命名为"娥女沟"。有了水，就会有生命，岸边的树木苍翠，湖中的鱼儿跳出水面。后来，迁到此处居住的人越来越多，人们拥有了属于自己的湖。对于娥女沟村的村民来说，小河是佑护人们的"神龙"；而对于我们外乡人来说，这条河的名字不过是一种象征的符号。

村子旁的白云湖

二

2020年秋末，我经过白云湖，又一次来到娥女沟村。白云湖边长满蒿草，草茎坚硬枯黄，顶端的种子仿佛是串起的铜钱，在风中摇曳。我很好奇这种植物，识花软件告诉我，它叫益母草。在我看来，益母草是名贵的中药材，它常生于山野间，是历代医家治疗疾病的良药。成片的益母草混杂在芦苇荡中随风飘动，水下偶尔会钻出几只野鸭，不一会儿又消失在芦苇中。远处的烟柳倒映在湖中，与湖上的溪亭相映成趣。湖水向清河最深处流去，它流向哪里，哪里就有一连串的瓦房、人家和村落。湖水为村庄镀上一层亮光，水鸟一起一伏，

冬日里的益母草

栖落在村庄里。老人坐在屋前，水鸟沾一下地，又飞走了。老人的眼神似一条抛物线，跟随水鸟落在岸边。在这里，鸟与人和谐共处，人们从来没有要捉住鸟美餐一顿的想法，人们认为水鸟是村子的吉祥物。

我们早起前往白云湖去看晨曦，同时也希望能观赏到湖中成片的白鹭，它们将在广袤的湖面上度过整整一天。在幽暗的晨光中，我在芦苇中穿行，听到尖脆的声音充溢在这片幽静中。我看到一只鸟，它全身通白，黑色的细腿显出它高挑的身材，有仙鹤般的美感。我不小心脚下踩空，吓跑了这人间的尤物。或许我作为陌生人早已被它识破，它抖抖翅膀，贴着湖边向另一个方向飞去。我站起身，看到湖面上刚刚荡漾起的圆晕又恢复了平静。

如今，大明湖里的白鹭早就销声匿迹了，而当我站在白云湖的岸边时，凉风、鸟语、水声，不胜枚举。在这里度过的每一秒都是宁静的。跟随着水鸟的踪迹，我来到娥女沟村。村子规划得非常漂亮，干净的马路两旁建有灰色瓦房，如果不告诉你，你会觉得来到了江南小镇。让我感到奇怪的是，路两旁的店铺都是用"娥女"二字命名的，比如娥女商店、娥女理发店、娥女草编店、娥女酒店。店面的门牌都是绿色做底，写有红色大字，这一点很特别。我认为这种配色用绿色代表生命，突显湖边的环保理念。村民杨大姐表示，娥女是神女，老百姓用她的名字做店名，希望可以带来好运、事事顺心。

就在那一天，杨大姐还给我讲述了娥女的样貌：她头戴金丝八宝簪，裹着五凤挂珠，穿着金色衣裙，裙边系着豆绿色丝带，在阳光下发出璀璨的光。她慈眉善目，脸上时常挂着微笑。一个丰姿绮丽的姑娘的形象浮现在我的眼前。娥女不但有尊贵的身份，还有靓丽的容颜。我想，哪怕把所有美好的词都用在娥女身上，也形容不出她在村民们心中的地位。

娥女沟村在地理位置上对白云湖起着重要的作用，沟是湖的起点，而湖并不是沟的终点。明朝著名的政治家、思想家李开先家住章丘鹅庄，距离娥女沟村有几十里路，娥女沟村风景独美，自然是他会友的绝佳地方。李开先写的《浚渠私说》记载："城西北有一区名曰白云湖，东接盲河诸山七十二峪，西灌娥女沟七十二渠，溪谷缕注，众水潴为白云湖，白云英英出其中，湖因以名。垂青浅碧拖练柔然，当游于湖心，山如锦屏，天如华盖，俯仰天地表表，湖山信为一方之浩壤而济之水府也。"从李开先的记载中，我们可以还原村庄本来的样子。白云湖东面有72座山，这里溪谷缕缕，都注入娥女沟村的72道渠。

我来到村子时，并没有看到72道渠，也没有见到李开先留下的字迹，我却对村子的地理环境产生了兴趣：这么小的一个村子，古代的72道沟渠究竟在村子的什么位置？历史的变化我们只能从记载中寻找，不过，单从李开先留下的文字中我们也确实可以推测，当年李开先横渡白云湖，跨过娥女沟，与文人雅士相聚在此处。在这儿，他自由地呼吸，欣赏碧波滟滟的湖水、漫山遍野的云雾，以及五彩斑斓的草甸。

娥女沟村的人都知道，白云湖60年显一显，这是无比神奇的现象。这种显现中包含着某种惊心动魄的成分。传说，古时上天要在此地建一座城，要人们在天亮前必须把城建好。两个工匠因为喝醉了酒，所以直到三更天方才动工。结果，五更天公鸡打鸣时，城还没有建好。工匠着急地哭了起来，哭声惊动了湖中的神仙。神仙便在湖中变出楼台亭榭，一幅车水马龙的景象。凡人走进去，无论拿什么东西出来，这些东西在天亮后都会变成金子。从某种程度上说，这些传说无疑使村民们成为讲故事者，也给白云湖增添了些许神秘。

夏日，知了鸣叫，孩子们在沟边乘凉，听奶奶讲白云湖60年显一显的故事。孩子们数着日子，计算着自己什么时候可以看到湖中出现亭台楼阁。就这样，一个故事被人们一代代讲述。每一个故事背后都寄托着人们的无限希望。我猜想，这或许代表了娥女沟村的人们对美好生活的向往。流传的故事不是梦，这里面包含着历史、宗教以及哲学内容。我们看到的娥女沟村只是景物表象，因它出现在历史中显要的位置，所以我们不会忘记它。现在，娥女沟村的人们变得越来越富裕，在旅游业逐渐繁盛的同时，这个家族的声望将会同历史一起凸显出来。

我顺着水势漫步于白云湖畔，思绪跟随着潺潺流水和生机盎然的荷叶飞舞。究竟是什么魅力让李清照留恋于白云湖畔？直到现在，我将想象投注于这碧绿的清水中，才明白，这一切魅力都从这一湖水中涌现出来。

那一年，李清照还未出阁，就写下脍炙人口的诗句。那时，写诗没有理由，只是写诗。她写下这样的文字：

常记溪亭日暮，沉醉不知归路，兴尽晚回舟，误入藕花深处。争渡，争渡，惊起一滩鸥鹭。

在白云湖的溪亭上，李清照玩到傍晚时分。她喝醉了，忘记了回家的路。她乘舟返回时，进入了藕花池深处。怎样才能划出湖去呢？她拼命地划着船找路，惊到了白云湖的水鸟。从诗中我可以找到这样的线索：李清照喝酒了，微醉；她并没有坐渔家的船，而是一个人独自撑船回家。因此，我判断：一方面，李清照的家离白云湖不远，乘小船即可到家；另一方面，她是内向的，更是孤独的，她喜欢一个人行走，因为这样才能找到真正的自我。这首诗让我们穿过那些灿烂的诗句看到李清照，甚至看到千年前的白云湖。这样，李清照经常往返于白云湖畔就有了依据。

李清照的词留存至今，依旧醇美。一个女人要表达内心的相思之情，哪怕内心狂舞，也要表现得镇定。她用白云湖的水调制出一杯白酒，借着酒意与心爱的人对谈。

红藕香残玉簟秋，轻解罗裳，独上兰舟。云中谁寄锦书来？雁字回时，月满西楼。

花自飘零水自流，一种相思，两处闲愁。此情无计可消除，才下眉头，却上心头。

荷已残，香已消，李清照换下府中的薄衣罗裙，乘小船又一次来到白云湖。那一天，天空中云卷云舒，她坐在小船上仰望天空，看到大雁排成"人"字，期待着收到心上人的书信。这种相思刚要消失，却又隐隐涌上心头。

荷花、藕池、兰舟、流水，这些意象足以印证李清照在家乡白云湖写下的千古诗句。湖水超越时空，这样的超越只能在艺术品中实现，比如赵孟頫的《鹊华秋色》图、王羲之的《兰亭序》。李清照的《如梦令》也是这样一件珍贵的艺术品，这首词呈现出空前的时代气象。李清照把追求男女平等、关心国家大事的思想提前了上千年。

女儿喜欢李清照，我也喜欢她。每当女儿背诵李清照的词时，我都会告诉她："李清照有娥女般的容貌，有将领般的气势。她既是婉约的，又是豪放的，她在婉约中不失大气，在豪放中又有约束。这些特点的形成离不开她生长的故乡的孕育，这片土地培养出了她的古典与怀旧、婉约与豪放。她让故乡的河水流进国家血脉，成为古老的文化遗产。"

跟随李清照的脚步穿过娥女沟，我终于明白她的作品在那个时代产生的真实影响，这影响延续了1 000多年。她用特殊的文化浇灌长满芳草和野花的沟渠。白云湖畔，娥女沟旁，尽管这片伟大的土地有李清照多次到访的真正印迹，但对这里的村民而言，他们更看重的是白云湖散发出的独有的气味，以及娥女沟村72条渠本身。如果说大型的白云湖代表着河流的力量，那水中的芙蓉便代表了富饶。因此，平陵古城才会选址在此处。

我乘上小船进入村子心脏，看到娥女沟的河水缓缓流淌，娥皇和女英仿佛站在72条沟渠环绕的河谷中，她们代表着娥女沟村的开端与延续。

JINAN 济南故事

第九章

唐王隐藏在时间中

一

巨野河，也叫巨河水，发源于济南市历城区西营镇拔槊泉、饮马泉，流经彩石等诸多乡镇，入历城县董家镇，一路流到唐王镇、遥墙镇，在鸭旺口流进小清河。每次在菜市场上看到唐王白菜，我就会想到这条河。

那一天，我和朋友相约去游唐王镇，秋风一阵阵拂来，风中弥漫的野草的气味直往嗓子冲撞。

秋空下的唐王古渡口，几只野鸭划开水面波纹，古槐树在秋风中飘下几片落叶，阳光透过稀疏的树叶漏到地上，失去了夏日的饱满。落叶在风中飘落，在光影中游荡。牌坊北侧的墙上刻有"唐王东征北渡路线图"。古槐树上系满红色飘带，这是附近的人们在祈求千年古树带来平安。古槐树中间长出一棵楸树，人们叫它古槐抱楸，传说这棵树是唐太宗李世民东征时所栽。树不只是一处风景，它还记录下唐王镇的风雨沧桑。

唐王镇的名字不是平白无故得来的，历史上称这里为唐王道口。相传唐王李世民在此北渡东征。在巨野河岸边，李世民走下轿，站在这片土地上。面对湍急的巨野河，他下令建一渡口，唐王道口因此而得名，后来被称为唐王。

贞观十八年（644），李世民御驾亲征高句丽，攻占了辽东、吉林南部及朝鲜一带，新城、建安、驻跸三大战让高句丽军队无法喘息。趁着树梢升月，李世民没摆庆功酒，没有和将士们酩酊，而是登上城头。一轮月亮照向远方，月光洒在他的脸上。隐藏在树林的秘密被一层层剥开。回想一路东征，历尽千难万险，这些都将成为他人生回忆的一部分。

我在山东省图书馆借到三个版本的历城县志，翻看到唐王镇时，一棵古槐的传说吸引了我。传说有着原始的美好，它如同千年流淌的巨野河河水，在漫长的岁月里融入这块土地。

一棵树唤起我们对历史的思考。古槐长在路的中间，过往的人在树两边穿行，为了保护树身不被断裂，人们用粗钢筋把裂向两边的树干捆住。枝叶盖住街道，伸向对面的人家，它目睹着村子里一代代人和事的发生和变化。

唐王镇地处黄河岸，是李世民东征路上的歇脚地。在这片土地上，人们饱读儒家的圣贤书，李世民似乎觉察到大业会在这片土地上成就。

树是时间的见证者，它不仅是村子里的一处风景，更是有灵魂的身体。它的枝干跨过村庄里娇小的房屋，伸向高远的天空和大地。我到司家村时，恰好碰上村子里一位70岁左右的大娘。她告诉我，她没有上过学，更不知道李世民是谁。但她自从嫁到唐王镇就听说，有个皇帝曾经在这里种下一棵树。这是村庄的人第一次通过一棵树看到唐朝。一棵树连接着李世民和唐王镇，连接着过去与未来，连接着天空和大地。

古槐树有1 300多岁，或许因为不是生长在城市，所以才能生长千年。古槐树下摆放着一个砖砌的香台，香台上有两个香炉和三炷未燃完的香，香炉旁放着酒盅、筷子和茶碗。大娘告诉我，祭拜古槐不只在过年过节时，有时家里的孩子得了邪病，家人也会在树下烧两炷香，期盼孩子的病能早点好。古槐成为远近村子有名的神树，人们向它祈求家和平安。

二

方圆几十里，提起唐王都知道它是白菜之乡。当无数棵白菜进入省城，被端上人们的餐桌上时，谁也不会想到，这片土地，白菜的故乡，竟是李世民征战过的地方。

一首诗唤起我对唐王所有的向往：

> 齐鲁多圣贤，物华天亦宝。
> 人杰地更灵，大业在此成。

这是李世民赐给唐王镇最好的礼物，它是一段活着的历史，它跨越千年时空。"唐王"这个地名由此产生，延续至今。李世民在此住过一段时间，当地的百姓为此舞龙欢跃。传说，百姓们为谢龙恩，在李世民落轿的地方建起落轿牌坊。朋友陪我去看老牌坊的旧址，他告诉我，听老人说，老牌坊曾经是在唐王桥上，两边由石头砌起，高大威严。而在我眼前的这片平地上，历史的痕迹已经消失，只有深秋的风刮过芳草，一只喜鹊在天空飞过，留下几声略显孤独的叫声。

在这片平地旁边又建起一块新的牌坊，仿古的造型和身后的小灰瓦对比，看不出沉重的时间痕迹，我在想象中复原过去的细节。纸上的文字变得越来越琐碎，人们通过历史去找寻一个民族，过程是漫长的。我出生的地方离唐王镇仅有10公里，我感到难过，自己竟然不知道这块土地的历史。哲学家说："人只有通过历史才能认识自己。"历史不是可凭空想象的文学作品，它是一代代人的传承。面对一座新修的牌坊，我感知不到前尘往事。

牌坊是家族先人事迹的体现，曾经是节间祭祖的地方。牌坊是民间信仰的体现，唐朝时盛行建牌坊。牌坊是时间的纪念碑，人和事都被写在碑上。我们对过去的认识，或许能通过牌坊交织出那些曾经的未来。

看唐代阎立本的《步辇图》，李世民坐在步辇上，由六名宫女抬着，与身材纤细的宫女对比，他体态雍容。宫女或掌华盖，或持扇。禄东赞身着吐蕃民族流行的联珠纹袍，拱手向李世民行礼。图片证明，在唐朝，皇帝坐轿或骑马，是分会见对象和场合的。

县志并没有记载李世民是坐轿还是骑马来唐王镇的。唐王镇离京城千里，再加上是东征，不是来考察民情或游山玩水的，所以我想李世民应该是骑着高头大马进入唐王镇的。在漫长的征战中，即便是皇帝，也不可能坐轿。坐轿上战场也不符合李世民的性格。他十分亲近自己的子弟兵，所以说，他路过此地，骑马是比较合理的。至于骑的是飒露紫还是特勒骠，我想至今仍是个谜。

过去的历史记录是流动的，在没有印刷术之前，口述的历史从东西南北汇集而来，如同巨野河的河水千年流动着。

文字和记忆给人提供想象的依据，它们和其他资料融为一体，构建出活的历史。唐王镇百姓对李世民的尊崇成为一段佳话，那些曾经的当下变成了过去，那些曾经的未来就这样变成了现在，像一块碑立在了唐王人的心中。

不管资料上记载的是骑马还是坐轿，在东征的路上，当李世民走进唐王

村内李世民骑骏马的雕像

镇，踩到这片土地时，齐鲁大地上的十二圣贤出现在他的眼前。

李世民文治武功，一生追圣贤为师，善于总结自己的不足之处。他起用新人，给寒门子弟入仕创造机会，为政坛带来新气象。此外，他更接纳封德彝之议，命宗室出任官吏，以革除其坐享富贵的恶习。我想，历史上没有一个皇帝像他一样大气，敢于总结自己的不足，甚至记入史册。李世民撰写的《帝范》给后人留下想象的空间，一代帝王在生命的尽头又必将是一个新的开始。

这里人杰地灵，他的心胸因此变得更宽、更广。他望着亲手栽下的国槐，抚摸着上翘的胡子，心想，这片土地是出圣人的地方，一定会助他成就江山大业。

槐树在古代就有望怀的意思，是怀念祖先的寄托，也是祥瑞的象征。站在槐树下怀念远方来人，李世民用一棵树抒发自己的情感和远大的胸怀，想与来人共谋大业。

我们以为历史离我们很远，却不知它其实就停留在离我们最近的地方。

李世民或许无法想象，千年后，国槐在这里扎下根，枝叶一直伸向远方。如同他在昭陵碑上刻下的骏马图，让人无法放弃回忆。伸向天空的枝叶覆盖住蓝天，像一张巨大的画卷，凭借后人的眼睛超越各自当下的时间维度，延伸至那些不在场的事件。

古槐抱楸，枝叶茂盛，长成参天大树。站在它面前仰望，我心生敬畏。我看到树下桌上焚过的香，烟雾缭绕中，它的体温和李世民融合在一起。

三

李世民像

李世民身穿圆领黄袍，头戴幞头（幞头是唐代便服中折起的头巾）。他双手扶在腰间的九环带上，九环带呈暗红色，与红色领口相呼应，中间配有玉佩，令李世民看上去有几分文人气质，但肩上和前胸呈圆形的飞舞的巨龙图案，又使他眉宇间透出霸气。黄色长袍盖到六合靴的脚踝，只露出两寸白色鞋底。故宫博物院藏有三幅李世民的画像，画中的李世民都是身穿常服，没有佩戴大裘冕或者通天冠，也没有佩戴镶满金饰、垂白珠十二旒的衮冕。

民间传说，唐王李世民东征时曾来这里安营扎寨。历城县有一个后来被奉为门神的秦叔宝，他要跟李世民划拳，李世民说不用划了，还是多读点书。然后李世民便独自走来走去，一边望着天，一边自言自语地说："齐鲁多圣贤，物华天亦宝。人杰地更灵，大业在此成。"秦叔宝不知这话是什么意思，心想：俺家乡也没有什么大叶子的树啊，最大不过是大白菜叶子了。于是自言自语地说："看来王兄知道俺老家历城有大叶子的白菜哦！那就让乡亲们多种一些大白菜好了。"人算不如天算，后来李世民做了皇帝，他安营扎寨的地方就被称为唐王。虽然地名改成了唐王，老百姓却还是喜欢种大白菜。

唐王是一片平原，土地肥沃，唐王大白菜比普通的杂交白菜品种水分含量少、纤维细，特别是经过贮藏后的唐王大白菜，心叶黄白，脆嫩清甜，味美可口，短缩茎较粗，主根细长。

得益于太宗的仙气，白菜品种"唐王一号"单棵就约有8斤之重。"唐王一号"就这样走进千家万户。《历城县志》（1990年版）记载："济南开辟商埠前后（1904），大白菜来源一靠桓台，二靠唐王。"

四

1 000多年前，黄河岸边响起马蹄声，传向远方，李世民骑着爱马来到巨野河畔，身后溅起尘土。这一次他没有带领大队人马，而是独自骑马来看望齐鲁圣贤。李世民坐在巨野河畔，看到成片的白菜地从眼前铺向远方，一片气派的景象。

历代帝王为保江山，一生征战，马是王的生命，在战场上马会救人命。

李总兵有两匹良马，大青马日行千里，二青马日行八百。努尔哈赤每天精心喂养大青马。努尔哈赤推翻了明王朝，当了皇帝，开创大清王朝300多年的历史。在沈阳一些满族聚居的地方，至今仍流传着许多大青马救驾的传说。清福陵旁还设有大青马和二青马的石像，这或许是努尔哈赤希望每日醒来都能看到他的大青马和二青马。

皇帝都敬马、爱马，李世民爱得尤其出奇。

李世民一生爱马如痴，这应与他善使用骑兵有关。马成就了他指挥的东征西战，马让他成为军事统帅。西安碑林博物馆珍藏着昭陵六骏石刻，这六匹造型优美、线条流畅的骏马并不是来自雕刻家的臆想，而是真实地存在于历史之中。它们曾经载着李世民如风般驰骋在刀林剑雨之中，立下赫赫战功。

李世民给六匹骏马分别赐了名字：特勒骠、飒露紫、卷毛䯁、白蹄乌、青骓、什伐赤。六匹马的英姿被雕刻于石屏上，镶嵌在昭陵北阙。李世民亲题赞辞，上面详细记载着马的名字和肤色、他乘用爱马的时间、六匹马负伤的位置以及它们的性格秉性，以示对曾经陪伴他征战过的爱马永久的怀念。

特勒骠身材矮小，四肢粗壮有力，马鬃从两眼之上延伸到马鞍处，柔软且坚挺，它健壮的大腿和犀利的眼神无不彰显出它在战场上的风姿。这幅画的左面有题字："平宋金刚时乘，东第一，黄白色，喙微黑色。应策腾空，承声半汉；入险摧敌，乘危济难。"李世民在619年乘特勒骠与宋金刚作战，特勒骠载着李世民勇猛冲入敌阵，一天一夜连打八个硬仗。这让李世民对特勒骠又爱又心疼。战后的李世民不先为自己拂去尘土，而是先给特勒骠饮水、送食。

贞观十八年（644）十月，唐太宗李世民率领骑兵和步兵共六万人从长安到达洛阳，他下诏造战船，运粮草，准备东征高句丽。军队分为两路进军，陆路由李世勣领军，水路则由张亮大将军领军。张亮率军4万，战舰500多艘，从山东莱州渡海直插高句丽都城平壤。从路线图上来看，李世民一定是走水路从长安到达陕西潼关，路过济南历城县唐王镇，随后从山东莱州进入高丽的。飒露紫是李世民东征洛阳、铲平王世充势力时的坐骑。我想，东征这一路一定是飒露紫陪伴在李世民身边。

据《新唐书·丘行恭传》记载，621年，唐军和王世充军队在洛阳决战。李世民的侍臣猛将丘行恭骁勇善骑射。在攻取洛阳的邙山一战中，有一次李世民乘着飒露紫，偕同数十骑冲出阵地与敌交锋，亲自试探对方的虚实，随从的诸骑均失散，只有丘行恭跟从。年少气盛的李世民杀得兴起，与后方失去联系，被敌人团团包围。突然间，王世充追至，流矢射中了飒露紫的前胸。危

李世民的爱马飒露紫

急关头，幸好丘行恭赶来营救，他回身张弓四射，箭不虚发，敌不敢前进。然后，丘行恭立刻跳下马，给御骑飒露紫拔箭，并且把自己的坐骑让给李世民，然后又执刀徒步冲杀，斩数人，突阵而归。为此，唐太宗才特别将他的英雄形象雕刻在昭陵上。

飒露紫尾巴短，浑身的发毛透着紫色，前胸肥壮，后腿健美，看上去比特勒骠更强壮些。这或许符合李世民的审美观：以健壮为美。唐太宗称飒露紫"气詟三川，威凌八阵；紫骜超跃，骨腾神骏"。可惜飒露紫和卷毛骝的雕像在20世纪被盗卖到国外，现藏于美国费城的宾夕法尼亚大学博物馆。

李世民即位后，无法忘记丘行恭和飒露紫，便下诏在石碑上刻上丘行恭给飒露紫拔箭的样子，在历史中留下其战功印迹。

五

我和朋友沿巨野河河岸往西走，干枯的石头上有水渗出。也许山从来没有放弃过水，河也从来没放弃过石头，我知道我也不会放弃一些人与事。

　　坐在河畔，我一扭头，似乎看到李世民身穿盔甲，手挥长剑，望着飒露紫咆哮奔腾，翘起前蹄，巨野河倒映出飒露紫健美的身姿。唐王镇中心立起的纪念碑使村庄不再是普通的唐王道口，它留有皇族的脚印和气息。

　　李世民隐藏在时间中，让唐王镇变得格外珍贵。

JINAN 济南故事

第十章

睡在云上的村庄

一个下午，飞鸟划过天空，小桃挂满枝头，石头缝生长出绿色生命，开出粉色花朵，每片叶子都绿油油的，整个自然界焕发出勃勃生机。石头路、石头房、石头戏台、石头墙，每一块石头的纹理都带着自然的气息，经过一代代石匠精心地打磨，成为我们现在看到的样子。

这画面堪比经典，它来自云上、山间、水旁。这份美，如果绘成一幅画卷，将成为历史中的艺术，它存在于卧云铺村人的意识之中。我知道，这也会变成我怀旧的对象。

从远处看，石头仿佛是大地上生长的果实，对于我而言，这是风景。几百年来，这里是卧云铺村人们生活的地方，他们在山间耕作，开石头建房子、搭戏台，成为和大山不可分割的一部分。

我来到卧云铺村时，恰逢六月初六。我被一阵器乐吹打声吸引，沿着石头台阶往上走。石头房依山而建，被风化的拴马石显得古老而宁静。闫家大院的牌匾成为时光中的一条隧道，大院是闫氏族人集中修建的居住院落，人们称之为"大天井"，距今有两百多年的历史。石头屋依地势而建，冬暖夏凉，坚固防水，据说一层用来饲养家畜，二层视野开阔、通风好又不潮湿，是人居住的好地方。每当日暮时分，房子主人闫常山从农田回家，坐在二楼的窗前，品一杯山茶，呼应着自然，想一些遥远的事情。

闫常山是位身怀绝技的庄稼人。明永乐年间，闫家兄弟四人因得罪官府，由陕西齐家迁往山东。排行老三的闫常山相中了风水宝地卧云铺村，他用计火烧匪窝，生擒匪首赵麻子，帮助当地百姓铲除了霹雳尖匪患，成为远近闻名的大英雄。

闫常山敬天、敬地、敬人、敬物，他将生命中的正义与智慧传给后人，成为闫氏家族的骄傲。

闫家大院门前有一口深井，井口由石头砌成，村民们叫它闫家泉子，附近的人们都在这里打水。即使在家家都有自来水的今天，人们还是习惯喝泉子里

闫家大院

的水。从闫家泉子流出的水沿着石头河道向下游流去，行人或用这水洗把脸，或拱起双手捧一口品尝一下。这里少了些当年的喧嚣，水和人融进平淡的山居岁月。

穿过城墙半月湾，我拿起相机留念，记录村子里静止的一刻。闫家大院的邻居是王家大院和刘家大院。村子有七大姓、七个泉子，其中，刘家和王家是卧云铺村最大的两个家族。明朝嘉靖年间，王氏族人来此建村，后来刘氏族人路过卧云铺村，到王家借水喝，王家人主动提出为刘家提供土地，让刘家在此安家，刘家便挨着王家建起住所。此后，李、张、闫、苏、吴等其他姓氏家族，也陆续在卧云铺村安家落户。村子中的人口越来越多，他们相互帮助，包容、和睦，这些品质成为村子里世代相传的美德。

二

不知道有多少过去还留存于今天。村民在桶上绑上粗麻绳，伸进深井，两腿站在井沿上，把桶扔进井里，用力把水桶拔上来，将水桶摇摇晃晃地放在井边。井水清澈得如同铜镜，能照出衣服的色彩。在卧云铺村，打井水已是一种传承。当人们踩在井沿上时，人与水之间便有了情感的交流。村支书王子吉说："一户一四合院，一户一石磨，一户一山泉，是卧云铺村的历史渊源。"村子里每家都有石磨，他们用泉水做豆腐，磨砣在碾盘上一圈圈转动，把黄豆碾碎。刚做出的豆腐不用放佐料，原有的香味在深山里飘荡。石磨把固体碌轧成粉末，对村子里的人来说，这是养育生命的石头。磨最初时叫硙，到了汉代才叫磨。鲁班觉得，人们将粮食放入石臼用石头来捣，捣出来的面粉有粗有细，且量特别少。他就找来石头制成磨扇，在中间安个短的立轴，固定住下面的石头，推动上面的石头，两块石头相互碾压，不仅碾出的面粉多，还省力

村子里的石磨

卧云铺村村貌

气。从春秋末期至今，石磨在卧云铺村像一个神话，那些随处可见的石磨与那时人们的生活息息相关。

走进苏家大院，深棕色的牌匾砌入墙体，"苏家大院豆腐坊"几个字引起我的注意。在城市吃不到纯正的山泉豆腐，我想买几块带回家，可所有豆腐今天已全部售空。我与李大娘素不相识，她是热情的山里人，邀我去她家做客。今天是祭山神的日子，家家户户买豆腐，大娘说，豆腐一大早就卖光了。热情奔放的山里人把豆腐切成小块，在豆腐中挤出白绿色浆汁，再把葱白切成丝放入盘中。蘸一点辣椒酱，吃上一口豆腐，它带着大地的味道，钻进我的身体，直冲海拔840米的卧云铺村之上。

村子地势很高，房屋经常被云雾覆盖，云雾缭绕中，人们如同睡在云彩上，卧云铺村由此得名。石房依地势而建，越往北地势越高，最高处的山叫云摩台。这名字多么有生活气息，又多么有诗意，就连这一座座青山也能和磨台联系起来，成为时间里盛开的花朵。路两旁坐满了听戏的人，我来到时，座位早已坐满。逮家龄村人也来凑热闹，逮家龄村是隔壁村庄，村民们在六月六这一天也来看戏、祭山神，大山是属于每一个人的。

山神和戏台诱发我的想象，狰狞可怖的山神画像背后隐藏着村子的传奇历史。大山之中，山神身穿盔甲，左手拿钗，右手拿刀，长满毛发的双腿踩在云摩台上。他能保佑人们平安，亦能给人们降下灾难。这时，我把大山与豆腐联系在一起，民间讲豆腐是"都有福气"的意思，人们用豆腐祭拜山神，祈祷山神能给卧云铺村人带来福气。

山坳间的卧云铺村是人们开山劈出的块块石头累积而成的。人们把石头分割，又把它们整合。那时的运输条件十分艰苦，搬运石头的大山人只能踩着不平的山路一步一步向前走。过去人们劈山，都是人工凿开，有时不小心跌落山谷，摔坏身体，又伤及他人。逮大爷说，这一切都是未知的。人和石头是有感情的，山神见证着一代代石匠老去，留下这些老房子。我无数次站在它们的面前打量它们才知道，在艰苦的年代，用来祭拜山神的炒面和豆腐是最好的食物。

云南几乎村村都有山神庙。有一年我去云南，正逢二月初二，村民们杀猪宰鸡，上香叩拜，叩谢山神一年来的保佑和恩赐。每年二月初二，村民们同吃一道菜，这也成为一种祭祀的民俗。这种民俗在一个地方代代传承，逐渐成为这个地方的文化。

卧云铺村祭山神与云南不同，不是杀猪宰羊，而是六月六这一天，摆上被村民们称作"金包银"的鸡蛋炒豆腐，寓意山神保佑山民们，把日子过出金山银山。

我在《王阳明心学》里看到过，浰头山残留着盗匪，王阳明奉天之命，扫除盗贼，为民除害。王阳明祭拜山神时说："山神啊，您在暗中保佑协助这件事，借我的手来剿灭贼寇吧！如果剩下的来投降，请暗中护佑他们是衷心的。如果他们怀有奸心，就请山神暗中夺了他们的魂魄，扬我军威。"

王阳明祭拜山神不仅仅是小故事，更是沉淀在大山中特有的文化。祭山神

村内石路

藏有不被人知道的秘密，它在每个人心中和历史紧密相连。

卧云铺村有一处戏台，两侧恰好生长着两棵古树，它们刚好可以遮挡阳光，村里的男女老少在这里观看台上的悲欢离合。戏是一面镜子，人们甚至可以从中找到自己的影子。一出戏也许可以改变人的命运。村子里的王大姐说，卧云铺村东靠摩云山，西至霹雳尖，是淄博、莱芜、济南三地的交界处，也曾是历史上齐、鲁两地的分割处。她听老人们说，早年村中有客栈、餐馆，东来西往的客商常留宿于此。很多闲人聚集在这里打牌、赌博，先是小赌，后是大赌，甚至赌出人命。为了让赌博的闲人戒赌，光绪十一年（1885），村中立戒赌碑，村民们教他们学戏。由此，除了祭山神，戏台还承担起另一份使命。

这些山戏没有剧本，由卧云铺村人自己组建班子，将生活中的故事编作台词，以口传为主。山戏经历五代人、一百四十多年。我是幸运的目睹者，如果不是六月六偶然进入村庄，或许我永远不会知道，云雾缭绕的背后藏着富有情感的大戏。唱戏者不是专业演员，却唱出以《全家福》为开班的历史，虽没有资料记载，却因代代口述走得更长远。太阳沿着戏台西下，人们并没有散去。戏台改变着他们的命运，让他们的生活发生质的变化。我触摸戏台旁的一块块石头，让体温和历史融合在一起，我们这些远方来的人成为历史的见证人。卧云铺村在一年四季会开出不同的花朵，如同山戏中衣服的色彩，红绿相间，五彩缤纷。

无数个个体的记忆形成集体记忆，每一个人都以不同的方式讲述历史。逮大爷今年72岁，他小时候称卧云铺为卧铺，说村子是睡在云上的大床。多么舒服的大床，它冬暖夏凉。他指着一块石碑，上面刻着："自光绪三年至光绪二十八年记载了村子的历史和发展。"老房子站在村子中央，向远方的客人发出邀请。老建筑有血有肉，它代表着一个民族、一个时代。正如李约瑟说："那些民间的建筑，才是真正的中国建筑。"

当黑暗笼罩山村，我仿佛看到石砌的窗口透出一缕煤油光，石头房子被围拢起来的大树怀抱，把家族的血脉搂住，这样的宁静早已渗入庄稼人的细胞里。

此时，只有天空和大地才能还原历史的真实。

JINAN 济南故事

第十一章

董家村600年

　　古老的大街随同它的名字一起消失于时间中。过去，贯通村庄的大街车水马龙，呈现出繁华的景象。胡同是大街延伸的网格，它通往村子的心脏，家族中的人们在这里相遇，代表一种生活形式。北京的胡同无论长短都有名字，走势是正南正北，正东正西的。而董家村恰恰相反，这里的胡同没有名字，数也数不清，如同在大街上绘制出思维导图，以一条大街为中心点，连接起各家各户。城市里窄小的街道叫巷子，宽路称为大街。董家村不是城，却有城市般的气势，它停留在时间深处。

　　有的胡同的宽度只能通过一辆三轮车，但会越走越宽，当你以为走到出口时，可能却发现这是条死胡同。即便是这样的交通状况，在胡同里住久的百姓也不愿意搬家，他们一住就是几辈子。人们喜欢在雨天"串门子"。大家放下手中的农具，坐在邻里大门下，听瓦片上雨滴落的声音和胡同里流水的声音。外面雨下得越大，人们聊得越兴奋。比起阳光下小院开出蔷薇，千枝万朵在绿油油的枝叶中爬满房屋，散发出粉色的味道，人们似乎更喜欢这样的天气。雨滴在花瓣上，把四周的门全打开，蔷薇的味道随着风自由出入，胡同里保留着自然和诗意。我相信，只要你看上一眼，便会牢牢攥在心里，把它作为生活中的艺术供自己欣赏和回忆。

村庄大街

　　如今，胡同和许多古老的事物一起消失了，我写下这些文字时，只有前门大街作为拆迁前主要的运输道路存在着，人们拉车、捆包，匆忙地路过。结束一天的忙碌，夜晚泡一杯大碗茶，看着摆满房间的麻袋和包袱，我开始失语。想起那些消失的房屋和大街，那种痛苦无法用语言表达。真正离不开这里的人，在几公里以外租住房屋，遥望故土，在梦境里重温过去。

老百姓都知道董家村在600多年前就有了。洪武年间，姓董的先生在这里修建住宅，建立村庄。董先生的名字跟随大街的命运在人们心里变得清晰起来。我坐在村口，那些老街变成记忆散落在石头上，前门大街在相机孔中变成缩影，成为历史符号。对于那些消失的街道，村民熟悉它们的名字，比如粮食市街、菜市街、盐店街、线市胡同、布衣市街、圩头顶子街、孙家街、张家街、北大仓，无一不诉说着老村庄的热闹与繁华。

当我再次回到村子时，取而代之的是一片废墟，起重机、推土机将废墟连同我的记忆一起装进大地，村子在与它的命运做最后抗争。我站在碎石上，找不到最熟悉的胡同口，那里曾有过欢笑和吵闹。一个时代结束了，我在残缺的砖瓦中走出一条路，在不久的将来，这里将是拔地而起的高楼。两棵银杏树还在努力与即将漫延而来的钢筋混凝土较量。丝瓜开出黄花，有了深秋的味道，它攀爬到屋后青楼上与这里做最后的道别。据说，这座房子有286年的历史，之所以还站立在这里，是为了等待考古专家验证是否具有保留价值。我登上一级级木质台阶，透过玻璃门窗，听到对面红楼砖瓦里传来的琅琅读书声。此时，我才真正领悟到历史与现实的交融，以及因此所产生的集体记忆和个人记忆。

村口街头立起一座碑，"董家遗址"四个大字在黑色的碑上显得格外抢眼。碑的建立表明村庄曾经存在过，这块碑不仅标志着地界，还包含着人们的情感。村庄拆掉了，或许那些老街名会被人们迅速遗忘，但这里见证了几十代人的共同努力，我拿起手中的笔在纸上留下记忆。我仿佛在一条古老的大街上遇到董先生，看到他的身影从清晰到模糊，渐行渐远，最终他把自己变成一棵树，长出枝叶，开出繁花，在这块土地上繁衍。

南门阁

父亲记录下的文字诱导我走进这片老村落。从前门大街到北大仓，我们逐一寻找每一条胡同的来历。站在遗址的空间里，面对历史，我如同一个考古工作者，要在废墟上挖掘出每一个废弃的大门、每一条失宠的河流，钩出沉落在时间深处的历史踪迹。

进入村子，首先要经过南门。村子的南大门修建于康熙年间，我跟随父亲的记忆，在想象中复原南门阁的样貌：南大门左右两侧蹲坐石狮，建筑为二层灰色小楼，青砖灰瓦，飞檐翘起，两侧檐角各嵌小神兽。楼下设阁洞，安装木门，每日交五更时，清晨的第一缕阳光就照射在木门上。月光隐去，天快亮了，随着村子里公鸡的打鸣声，看守南门的人缓缓打开大门，开始洒扫庭除。每家院子的墙边都竖着一把笤帚，村子里的一天从清扫院子开始。夜晚，为保证村民安全，南门准时关闭。各户人家的男丁轮流值夜，每个时辰打更一次。他们走在前门大街上，手拿木梆子，一边敲一边喊："天干物燥，小心火烛。"人们听着梆子声安心睡去，夜变得更长了。

老建筑在父亲的描述中变得古朴而神秘。由此，我想到历史上的城门。都城正门多为三门洞，唯有天安门设五门洞。自唐代开始，皇家设立五门阁洞，以彰显皇帝九五至尊的身份。最大的门洞只有皇帝可以进出，文武大臣走两侧门洞。一扇门折射出地位与等级的差异。村子建起门洞，门洞虽只有一孔，却使村庄变得不再普通。门是一代帝王开启霸业的地方，也是一个古村落开始繁衍的地方。南门阁并不奢华与恢宏，每当人们看到那扇门，就如同进了家。它是董家村人进入村子唯一的入口，也是历史上重要的地标建筑。村民们无论走多远，遇到多少困难，只要一路上思念着、奔跑着，那扇门就会越来越近，进了门就到了家，那里有烟火的味道，是村民们精神的居所。

我跟随父亲的回忆来到那个鲜为人知的时代。国民党曾在村子里驻扎并设有司令部，他们派官兵在南门阁驻守，随时登记来访人员。司令队副队长从村民中选出，负责辅佐队长，他更清楚村子的一切。副队长脱下布衣，换上黄色的军服，腰间别一把匣子枪，露出鬼意笑脸。人们面对他时不敢说话，更不敢靠近。那些狐假虎威的官兵为人们指路，发现可疑人员，就将其引到一个僻静的地方，把好好的一个人打得遍体鳞伤。显然，那个时代的人们活得压抑，甚至不敢大声喘气。我仿佛听见空气里发出一声叹息，之后，变成人们的隐忍和逃离。

我站在南门阁遗址上，看见村庄中的建筑都被"拆"字覆盖，现在的南门阁早已被夷为平地。父亲回忆，阁洞在新中国成立前被破坏。"南门阁"这个名字，我问过许多年轻人，他们的回答几乎一致——"没听说过"。

图册和记忆里的名字代表着已经消逝的人和事。这一切都随着前门大街的消失而不知去向。几十年甚至上百年以后，人们是否还记得老村落里发生过的故事？

几百年的沧桑风雨掠夺了南门阁的外表，留下历史的印痕。我用文字的方式记录下那些古朴而神秘的阁洞。

圩头顶子

圩头顶子，董家村街名，位于前门大街中段。如果说村子是一条鱼，那么圩头顶子就是这条鱼的心脏。老人讲，村子从这里开始建立，向周边扩散，这里是村子的核心位置。在我的想象里，圩头顶子大概是卖鱼的地方，很多年轻人叫这里"鱼头顶子"。人们口耳相传这个街名，却不知道它背后隐藏的历史。20世纪80年代，圩头顶子是集市上最热闹的地方。这里的摊位难求，人们起个大早，只为占摊子。补锅的、焗缸的、修鞋的、剃头的……应有尽有。你能从摊主的表情中洞察出其技艺高低。吆喝声传到院子里，百姓们争先来到这里，寻找手艺最好的一家。那时候的锅，一用就是一辈子，锅底中间熬出坑，就补上一块，熬坏底，便换个锅底。放学回家的路上，孩子们驻足观看：是什么样的手艺能换掉锅底，而锅又不会漏水？这确实也是我想了多年的事情。靠手艺吃饭，是需要有绝活的。

在时间的变动中，我把圩头顶子作为记忆里最忠实的坐标。十年前，我站在这里时，从没有想过村子会"拆"迁，更不能精确地描述地名存在的意义。它们今后将成为图片里的记忆，来呼应我们的怀念与想象。

咸丰年间村子已有集市，董家大集远近闻名，方圆几十里的人们都在三月八日这一天从四面八方赶往这里。古代农村集市称为圩（xū），大集开市的日子叫圩期。庄头，村头也，是建立村庄的开始，所以人们称之为头顶子。百姓们把圩字读成"鱼"，一个汉字读音表现出人们对历史的认识，包含了风俗与村庄的演变，它代表着村子的历史与未来。圩与鱼之间，藏着时间和空间的距离。人们只是把它当成地标符号，并没有在意一个字从何处来，又到何处去。这时我才明白，圩是一个抽象的字，它随时代而改变意义。人们面对过去，无法寻找时间的起点，也看不到它的终点，而面对这座村庄的历史时，我们可以将时间无限延长。

明洪武二年（1369），董先生来到村子，他携家眷迁居此处，在圩头顶子旁安下身，搭建房屋，房屋两侧各栽种国槐。据老人讲，大树是立村子时董先生栽种的。树一天天长大，董先生一家拿着蒲扇在树下乘凉，他们悠闲安逸。不料一场红头苍蝇瘟疫突袭此地。红头苍蝇遮天蔽日，人被叮到就有生命危险。《县志》载："青嶙白骨，怵惊心目，长淮以北则鞠为草莽，惨烈情状可知。"村民大多难以幸免。董先生是善良的大夫，他还不知这场瘟疫已遍布全国，正威胁着人们的生命。他熬药为村民们治病，见到穷苦人家就不收银两，并多次嘱咐大家按时服药。药锅里冒出一股股热气在院子里打着滚升向空中，红头苍蝇被这

董家庄

种味道熏跑，董先生和三个邻居成为幸存者。韩姓、周姓、靳姓三家给董先生磕头，以示谢意。从此，他们相互团结，并以董先生的姓氏来命名村庄，董家庄由此而来。

董先生治病救人，威望越来越高，得到乡亲们的拥戴。1369年，韩、周、靳三姓在槐树上刻上董先生的名字，各自往西挪动1 000米。瘟疫走了，村子开始旺盛起来，村民们重温美好，延续着一代又一代。后来，迁居到董家村的吕、孙、张姓人开枝散叶，在此扎下根，便有了张家街、孙家街，村子逐渐成为没有董姓村民的董家庄。至今没有人知道董先生的全名，只有天空和大地知道真实的历史。

空间是时间的容器，消失的事物会在空间中留有印迹。1948年，两棵大槐树依旧存在，它们完成了对时间的记忆。遗憾的是，1958年，这两棵槐树被村民砍了作木材，唯一见证村庄历史的大树消失了。我站在圩头顶子大街上，竟有些伤感起来，被毁掉的不仅是阁洞、国槐这些事物本身，更是它们承载的村庄的记忆。

粮食市街

这条街道上重叠着许多条小道，它们吵闹、喧嚣、拥挤，又彼此碰撞与依赖。民以食为天，"粮"和"食"有区别。古人说："行道曰粮，止居曰食。"路上带的粮叫"干粮"，而在家里吃的饭称为食。粮与食之间隔着一条路，它们是人类繁衍和延续生命的必需品，人们依赖它们。

我至今仍对那条大街记忆犹新。清晨，我从胡同向它走近，看见晨光一点一点披挂在粮食身上，把一条土路变成耀眼的金街。人们赶着马车、驴车，装满玉米、高粱、小麦、大米、黄豆、红豆，还有牲口吃的糠、麦麸，来到这里进行交易。一条街道与周边道路的差别就在于其尺度、方向、形式、情感内涵以及存在的历史。正因这些因素才使得粮食市街变得与众不同。

地里一年的产量决定农民收成，也影响市场价格。奇怪的现象时有发生：

粮价上涨，农民不着急卖；相反，粮价下降，农民就会急于出售。所以民间谚语说："庄稼老头长得怪，贵了不卖，贱了卖。"庄稼人把耕种粮食视为一生的使命。

我走过一段土路，仿佛看到农民把自己的一生交给粮食。他们从播种到收获，最后将粮食收进麻袋，运往粮食市街。这样日复一日，年复一年，无疑具有永恒性。正是这种永恒性让一条街道有了存在的价值和意义。粮食市街伴随我成长，它吸纳时间，为我提供探寻历史的入口。

马粪和粮食的气味在空气中产生化学反应，形成董家村最早的历史。马粪来自青草，源于大地。人们将马粪撒在大地上，地里长出麦苗，开出白花，庄稼长得油亮亮的。风一吹，麦苗装着希望与收获摇动，散发着来自乡村淳朴的味道。人们将粮食市街上的马粪视为珍宝，绕几条道铲回家中，施于土地。

时代变迁，粮食市街已经消失，当我站到街口时，记忆如同奔涌的河流向我袭来。我想起奶奶坐在油灯下给我们姊妹三人讲故事的情景。很早以前，粮食市街紧邻菜市街，喧闹声一丈高过一丈。卖糠的人大声吆喝着"糠来，糠来"，旁边菜市街上传来"萝卜，青萝卜"，赶集的人听成"萝卜糠了，萝卜糠了"。萝卜摊的主人整个集市没卖出几个萝卜，便埋怨卖糠的人，两家卖主因此争吵起来。我们坐在小板凳上聚精会神地听奶奶讲，弟弟急着问："接下来发生了什么？谁胜出了？"奶奶摇着蒲扇，拍着凳子大笑，然后接着讲："旁边卖蒜的见到此景，便上前拿出一颗蒜头说，蒜了，蒜了，街坊邻里和气才生财嘛！"我们听着故事，试图在集市上寻找这个故事的踪迹。

经历漫长的时间之后，有些事如同一粒米，在我的身体里静静地消化，变成养分，让我或多或少地回忆起那些弯曲的胡同，以及儿时的趣事。

回忆是个性的，是一个人的经验与体验；而记忆是集体的。粮食市街跨越边界，成为集体的记忆，最终构成村庄的历史文化形态。

1992年，我住在粮食市街胡同里，大哥买了新相机，他为粮食市街拍下一张照片作为纪念。大街呈S型，你会被弯曲的部分所吸引，会好奇它究竟通向哪里。街道两旁的红色瓦房坚挺结实，瓦房上有许多窗户，有的开，有的合，这完全取决于阳光的照射角度和风向。

如果不是大集，粮食市街的午后常常笼罩在宁静中，只有几个小孩子在街道上玩耍。人们擦肩而过，不论早晚，道一声"吃了吗？"，一句话拉近人心，道出情感。傍晚时分，人们拿起木凳出来吹吹风。此时，风是宁静的，这条街也变得安静起来。

那是一台海鸥牌相机，大哥找到院子里唯一可以取景的地方按下快门。刚下过雪，门前的石榴树上还顶着未融化的积雪，这棵石榴树几十年了不往粗里长，生命力却很强，每到八月十五左右都会结很多酸石榴。不知是什么原因让我认这棵树做了干妈，我在树下磕了三个头。自从一棵树成了我的干妈，我似乎比别人更关心她。五月开花时节，石榴树上爬满蜜虫，我偷偷找来农药配上适量的水喷在花上。这药确实管用，花瓣上的蜜虫没了。可没过几日，开好的石榴花落了一地，我没敢告诉任何人，只是从那以后，我每天放学回家的第一件事，就是捡起石榴花，装到书包里。那年八月十五，树上只结了八个大石榴，熟得咧开嘴，红里透紫。趁着月光，奶奶摘下来给我们姊妹几个吃。我掰下几粒放进嘴里，发现那年的石榴变得更甜了。

今年父亲节，二姐晒出一张老照片，照片上是拆了的老房子。我从没有想过自己会离开老房子，失去之后才知道怀念。不可避免的是，怀念让人产生一种直觉：所有距离都变得很近。我和二姐的粉色毛线围巾是大姐学会织围巾后送给我们的，冬日里我每天都戴着它。直到前几年拆迁，我在东面的小屋里看到它，洗干净带回新家，压在箱子底下。

二姐嫉妒照片中二爹紧紧抓着我的手，她看得很仔细，可能是临近特殊的日子想二爹了。此时，我的心被触动了一下，突然想起那年二爹拉着地排车在街上卖粮食，他早上要价高了没卖完，下午只好便宜出手。二爹平时很凶，但对待买粮食的顾客却挺温和。他身穿蓝迪卡布的中式长褂，五个黑色扣子镶嵌在中间整齐而醒目。他特别爱干净，喜欢穿得整洁；他喜欢一遍又一遍地刷锅；他喜欢喂猪时把溅在粮槽边缘的糠抹净；他喜欢没事的时候去街上看粮食。关于二爹的记忆太多了。二爹去世快十年了，一辈子还没有享过福就走了，他走得太匆忙，以至于母亲以为他只是滑到地下睡着了。后来老房子拆迁换上了新房，他无福享受社会变化带来的好日子。我伫立在街上，看着消失的粮食市街，尘封的记忆如同一道闸门突然打开，在那里碰见一些熟识或陌生的人，他们仿佛知晓我的忧伤。

很多年来，他的身影在我的梦中闪过，又消失了。时间是一把利刃，划破梦境。我醒来，发现那些逝去的人与事都隐藏在大地深处，慢慢发生变化，我和他们道别，然后消失在彼此的视线里。曾经泥泞的街道成为历史，古老的村庄是我心中的坐标。村子消失了，几十年的老屋变成整齐的楼房，人们在这里走过，情感在街上相遇，彼此眼中有对历史的回忆，还有对未来的展望。

虞　山

鹤山东北5 000米处有一座山，名叫虞山，它是平原上凸起的绿洲，看上去松柏苍郁，怪石嶙峋。周围散落无数村落，所有村落的建筑都根据山体的方向建造。虞山原名"嵛山"，"嵛山"这个名字的由来已经有千余年的历史。《历城县志》记载："和山之东北十里，曰嵛山。上有圣母祠，石皆紫沙。作碓砒尤胜章北女郎。康熙四十四年，大雨，有泉出于山巅，至今不涸，土人名之曰神应泉。"

虞山以高秀逾众山而得名。大自然是优秀的设计师，它将山与水融合，然后又像鱼一样悄悄溜走。虞山的水以时间为刻度，流淌了几百年甚至上千年。那水一定很特别，它衬着蓝天、绿草和桃花，让人忘记水的本色。想到它，就会让人产生亲近自然的渴望，它能减除一天的疲劳，使你融入其中，甘愿成为自然的一部分。

白龙石与黑龙石之间流出一股澄澈的泉水，皆因黑龙与白龙的存在，人们称它为"双龙泉"。泉池深5米，直径20米，是大山之中神奇的天然水坑。地下冒出的气与泉水一起涌出，形似珍珠，终年不涸，附近的人们叫它"珍珠泉"。股股泉水水质清澈，在每年农历三月的庙会供万名游客饮用。人们取水

现在虞山景象

的同时，还会在双龙石前祈求风调雨顺。泉水伴着阳光、花香、鸟语向山下流去，养育着村落里一代又一代人。久而久之，在五月某一个明媚的日子里，双龙显灵，人们的祈祷得到回应，从此，这泉被百姓们称为"神应泉"。泉是有灵性的，它能改变人们的生活。神应泉不仅给村民们提供足够的水源，还在其中注入了精神滋养。当一个泉眼流成一条河，那必将是一场壮丽的旅行。人们凝视着充满阳光的日子，在这里度过的每一秒都是幸福的。

父亲笔下的文字记录了虞山曾有的面貌。山上建有泰山行宫、圣母祠、文昌阁。行宫正殿进深五间，筑有行宫门楼，青砖筒瓦，四角飞檐，柱廊环绕，四周沿建筑建有矮花墙，颇有古朴的美感与气势。每年农历三月举行庙会，远近游客有近万人前来上香。

附近百姓称圣母祠中供奉的神仙为泰山奶奶。传说泰山奶奶神通广大，法力无边，以慈悲为怀，救苦救难，护国佑民。民间传说，南有妈祖，北有圣母。泰山奶奶是山林中的隐居者。

　　文字和记忆构成画面，给人提供想象的空间，它们融为一体，产生活的历史。

　　《旧县志》记载："虞山，近人又附会之曰山有虞仲墓矣。"文字从书中显现出来，如同一条路，一直通向遥远的吴国。县志是历史为后人留下的线索，我们无法确定虞仲确实葬在此处，最终，留给后人的是判断和思考。

　　吴国地处江苏一带，常熟虞山因山上建有虞仲墓而得名，距今有3 000多年的历史。周族首领古公亶父的长子名为泰伯，次子名为虞仲。虞仲文武双全，是吴国的开创者。他断发文身，主动融入吴地风俗，把中原农耕技术带到吴国。那些小部族自愿归附虞仲，这无疑是一次历史上的文化大融合。长江中下游一带，"虞仲奔吴"成为人们口耳相传的佳话。

　　486年，虞仲称王，建立强大的军队，联合鲁国讨伐齐国。吴鲁两军兵分两路，一路从泗水进攻，另一路从淮河入海，向北进攻齐国。这次水军大战，是中国发生最早的海战，也是虞仲第一次来鲁国。

　　据史料记载，虞仲死后葬于常熟虞山。然《历城县志》载，附近人在鹤山东北十华里的崙山发现虞仲墓。其实，我们不知道几千年前究竟发生了什么，更没有人知道虞仲真正葬在哪里。我们只知道，百姓传说虞仲葬在崙山，后人为了纪念他，将"崙山"改为"虞山"。如今，我们越来越怀疑虞仲是否真如县志中记载的那样葬于鲁国，那些久远的事情没有答案，只能等待考古学家去查明验证。

　　在我的印象里，虞山是一片果园，山上长满柏树，苍翠欲滴。柏树子落满山坡，你只要一靠近，就会闻到松油的味道。上山必须经过一片坟地，只有一条坑洼不平的土路通向山顶。每次走到那里，我都毛骨悚然，想尽快逃离这个阴森的地方。夏天，附近村子里的孩子们结伴到山上偷苹果，被狗叫声吓得一路狂奔，向山下跑去。我记得当年父亲曾经承包过这里的果园。

　　进入果园，躲在石头屋里能听到哗哗的流水声、风吹草动声、蝉鸣声，这些声音穿梭于潮湿的空气中。我走进果园深处，这里既是山上的制高点，也是父亲心理上的停泊地。一把高枝剪在丛林中有节奏地舞动着，一下又一下，剪出希望与收获。我摘下一片叶子放进流水中，看它被推向远方，沿着河道消失了。

漫长的河道中呈现出不同的风景。虞山背后的故事不是结尾，相反，它只是一个开始。今天，古老的虞山修建了虞山书院，鲜花代替荒凉，阳光覆盖阴森。山上建起书院，承载起千年历史，在游园的同时，你是否还想知道它的过去？那些耐人寻味的历史，沉浸在村庄与大地之中。

JINAN 济南故事

第十二章

避暑山庄西捎近

捎近村的名字如同这块土地，有深刻的含义。村子里有一棵千年降龙树，每年五月开白花，在日渐温热的夏日里，淡淡的香气绵延在整座大山中。没有人知道降龙树的真正年龄。降龙树之"心"是最坚硬结实的部分，据说可以抵抗自然疾病。令人惊奇的是，这棵老树似乎能解毒辟邪。在浓荫茂叶的庇护下，村里有很多百岁老人。据老人讲，村子是皇帝御赐给章丘人士高大庭的避暑山庄。

2020年7月，我第一次抵达村子。这里地势高，村子里的红色屋顶小瓦房仿佛是大山上嵌入的宝石。这里的房屋有自己的性格，红瓦和泥土相互映衬，凸现了乡村独有的特色。

当地村民说，整个山脉形状如龙，而村子是龙的眼睛。于是，古时候的皇帝降旨在"龙眼"处种了一棵降龙树。在人们的信仰中，龙的重要地位丝毫不逊于皇帝。一条龙奇迹般地展现在青山之中，这样的现象必然会招来皇帝的关注。

自古以来，龙是皇帝的代名词，只能出现在皇宫里，它象征皇权。皇宫里的廊柱、器物都以龙为装饰。不论何时何地，皇帝都不允许龙出现在民间。国家的强盛总是与信仰息息相关，然而，那些象征着信仰的生物被皇帝派去的钦差大臣牢牢看守。

曲阜大成殿的柱子雕刻有1296条龙，它们有深有浅，盘绕升腾。这份美被众多书画家画在图卷里。每当日暮时分，夕阳斜映在石柱上，发出耀眼的光芒，龙的每一块鳞片都是地位的象征。或许，只有帝王才能驾驭得了它。传说，一日乾隆皇帝到曲阜祭拜孔圣人，管理大成殿的人提前用红绫缎将石柱裹起来，这样皇帝就看不到柱子上的雕龙了。如果这些盘龙被皇帝知道，管理大成殿的人一定会被治一个杀头之罪。皇帝走后，人们再将绫缎拆掉。直到后来，读过历史我才明白，皇帝代表真龙天子，不可能允许任何地方再出现第二条龙，只要有龙出现，就代表有夺权的迹象。

站在降龙树下，我忽然想到，有些事情难以分辨真假，比如关于降龙树的出现，民间总是有很多传说和解释。站在这样的空间中，我有各种各样的猜想。皇帝的内心世界是宽大的，大到无边；皇帝的内心又是狭小的，小到怕任何一个地方蹿出猛兽。因此，在历史上的某一天，皇帝命人在捎近村种下一棵降龙树。降龙树木的斜茬似一把刀，锋利如刃，有驱凶、避邪、镇宅的作用。要用一棵降龙树降住生长在大地上的巨龙，树的根须必须深深扎进泥土里，树每长高一尺，"龙"就被触动一下。从某种意义上说，这棵树相当于皇帝派来的钦差大臣，来监督"巨龙"的动向。

大自然的力量让人无法抗拒。山脉不仅养育我们，还保护我们，群山是生命的核心。在自然面前，人们退避三舍。如果人忽视自然，那么自然就会报复人类。没有一个平民会去关心山脉中的巨龙，也只有皇帝会在瞬间想到用一棵树去降龙，来确保自己的权力。降龙树独一无二，一万棵中才能成活一棵。捎近村的这棵降龙树因通过皇帝的手，才成活下来，村里的人们因此才能在大山之中看到这一稀缺的物种。

我穿过一片浓密的原始森林，见到一条蜿蜒小路以及一段长满再力花的山沟，这里的土壤已被风化，只有那些坚韧的灌木丛才能生存下来。山中有养蜂的小木屋，木屋上的窗口使养蜂人获得新的视线。草丛里扎起围栏，偶尔还有一两只小动物跟随在主人身后。其实，这里曾是一片荒凉的原野，因为有了高家人的存在，而发生了许多故事。阳光给小木屋涂上玫瑰金色，在我看来，那些围墙那么美，美得让我无法停止脚步。我在想象中复原降龙树的样子。村中的老人告诉我，在神树面前尽量少说话，可以把追求、梦想告诉它。它是一个真正神奇的物件，在上山之前我已经酝酿好情感。爬过近20米高的山墙，我来到降龙树面前。它没有我想象中那么粗大，被一圈铁网圈住，弯曲的树干开出两条枝叉，向天空伸去。我到的时候，花刚刚谢掉，空气中还有淡淡的清香。在海拔那么高的地方，闻到特殊的香气是一种享受，花香的味道和森林里释放出的氧气弥漫在空气中，给人一种心旷神怡的感觉，让人难以遗忘。

我读《杨家将传》。当时辽国侵扰宋朝，穆桂英年少有为，是一代女中豪杰，传说有神箭飞刀之术。她的夫君杨宗保被活捉，穆桂英女扮男装，统领兵马大破天门阵。阵中隐匿众多机关，按五行八卦摆阵，共有一百单八阵，每个阵口都有阵门、阵眼、阵脚、阵胆，并且是大阵套小阵，母阵套子阵，错综复杂，星罗棋布。杨六郎攻天门阵时被毒气困扰，穆桂英早已准备好降龙木。山寨里最不缺的就是各种奇珍异宝，穆桂英出征之前，前往穆柯寨取了最好的降龙木，没想到正派上用场，降龙木驱散阵中毒气，助杨家军大破天门阵。

破除天门阵不是巧合，这场胜利不仅源于穆桂英对降龙木的了解，更因她的技法高人一筹，以及她拥有丰富的作战经验。由此可见，降龙木确实具有奇特的药效，可以解毒驱邪。

历经千年，人们赞美降龙树，在这儿，它象征着和平、自由、生机。我沿着山路前行，降龙树被高墙围起，墙上竖起一块木牌，上面写着：爱惜古树，传承美德。我抬头仰望这棵树，它仿佛是村庄里开出的花，绽放出自然的美。或许，大多数人不知道它究竟有多粗，村民王志慧为我揭开谜底。她是土生土长的捎近村人，她清晰地记得，小时候的降龙树，八个大人环抱在一起也搂不过来。实际上，树的底部已被石墙埋进20多米，我们现在所看到的只是树的顶端。大树的生命力极强，也许是因为地理环境优越，给它提供了特殊的养料，才让它充满活力。它层层叠叠的枝叶宛如香炉一般，吸引城市里的人们来一睹它的风貌。如果人被土埋至胸部，或许早已没了气息，而降龙树如天国的支柱般栖居在岩石深处，它神圣的本质是人类无法估量的。村里人将它的木屑泡水喝，用来缓解神经衰弱、驱除风邪。人们把降龙树称为山神，传说他可以看护村里的人们。

王志慧每日清晨的第一件事就是站在降龙树面前祈祷。也许人们无法理解，她日复一日、年复一年地重复同样的事情到底是为了什么。站在降龙树面前，我看到的不是风景本身，而是它强大的生命力。同时，我也感到人类在自然界中的渺小，那一刻，我似乎懂得了王志慧树前祈祷的真正原因。

很久以后的一个雨天，我又一次到达捎近村。村子里像王志慧这般有气质的女人并不多见，她的性格吸引了我。她邀请我坐下来，为我泡一杯山茶，言语中，我感受到山里人特有的热情。童年时的她和其他人一样，淘气又乖巧。她喜欢在上学的路上折一枝降龙树树枝，一路上蹦跳到学校。她清晰地记得，把降龙树树枝插到教室里，香气可以在屋里蔓延两三天。说到这里，她耸了耸肩，流露出自豪的神情。当时，她穿着红色休闲运动装，脖子上戴着和田玉，显得敦厚又有灵气，她为我做了一番激情洋溢的介绍。

降龙树的树干上有个干枯的大疤，据祖父讲，穆桂英大破天门阵时来到捎近村，她削下一块降龙木破了天门阵。由此，古树上的干疤变成今日村子里的传说。

穆柯寨位于泰山西麓，肥城

降龙树被砌入几十米高的石墙

境内，山上松柏茂密、层峦叠嶂。秋日，各种树木在画家笔下俨然成为一幅蜷曲的彩带。其实，穆桂英是从穆柯寨取下降龙木，还是来到历城县捎近村带走降龙木的，我们已无从考证。换言之，对于捎近村而言，美丽的传说仿佛是一条生命的河流，变幻莫测，振奋人心。更确切地说，王志慧之所以讲这个故事，是因为她内心对村里的历史和文化感到骄傲。

如果人不知自己从哪里来，那也就无法了解自己这一生要到哪里去，幸福又是何物。有些人足够聪明，却不了解家乡传承的文化。写到这里，我忽然被眼前这个女人所吸引，她不仅关心生活中的琐事，还关心陪伴她一起成长的老树，以及村子里潺潺的流水。这一刻，我无法用语言去丈量她的胸怀，她将大山里树木的青葱和元气纳入她的胸怀之中。

那天，天空中刚刚飘过小雨，我坐在云雾缭绕的石屋里，看到天空压得很低很低，仿佛与村庄连在一起。空中色彩变幻，好似一部电影，大山是幕布，王志慧和山里的人们是影片里的主角，连同我也一起被写进故事里。她们生活在养育自己的土地上，满怀爱与自由，想让更多的人了解村庄，了解千年降龙树。我跟随王志慧沉浸在自豪中，她没读过太多书，但有的是深刻的记忆。

西捎近村以前叫石泉山村，从山下一路到达山顶，有一条由石板铺成的小路。村子地势高，可以看到山巅上的绿色山峰。山峰秋天被涂抹成金黄色或者鹅黄色，如丝绸般抚摸着大地。直至现在，八月酷暑，山下开空调，山上盖被子。我打算到村子高处一探究竟。朋友告诉我，可以在这里短住几天，了解风俗民情，做一名访山者。我站在高山深处，回头发现草丛里踩出一条小路，踩在上面，每一步都像是通往仙境途中。树下落了一地皂角荚，我捡起一粒带回家放在书桌旁，读书至半时，我把皂角荚当作书签夹入书中，以便下次方便翻看。当我再打开书时，书页里散发出香辣味。皂角荚如同山里的风景一样飘逸俊透，它密实坚硬，呈红褐色，凸起的种子被一圈棱线包围，全身油亮亮的。更有趣的是，人们会将坚硬的种子钻上孔，用红绳串起，戴在孩子的脖子上，这或许就是山里人的审美。丰满的种子是女性的化身，它不仅有滋润养颜、清肝明目的功效，更重要的一点是，它代表母亲对孩子的保护。

皂角树同降龙树一样，有千年的历史。村里人捡一筐皂角荚晒在窗台上，不忙的时节，坐在院子里用石臼把它捣碎，装在玻璃瓶里，当作洗漱用品。它确实是民间的宝贝。用皂角荚冲水喝能祛痰开窍，治疗咽炎、牙痛。冬天，把皂角荚放在橱柜里，还可以防虫子叮咬衣物。

捎近村像一个花园，它有两棵神奇的树，并且如我们所见，它们是不同的种类，却有相同的命运。不管它什么时候开花、结果，都与村子里人们的生活联系在一起。一棵树因为生长在丛林中，才得以活了千年。捎近村地理位置略偏僻，冬天，人们无法出山，只好伴着雪花等待春暖花开。村子似乎成为山林里神秘莫测的隐居者，这里是一个充满奇迹的地方，引得大批游人来一睹穿越千年的老树。

我喜欢坐在树下听风吹动树叶的声音，听王志慧讲故事的声音，这些声音都清脆悦耳。王志慧的老祖父是高大庭家的佃户，这里是去泰山祭拜最近的一条路，王志慧的祖父就让高大庭为自己捎着纸和贡品，到泰山上祭拜。事实上，不仅是王志慧的祖父，还有很多的村里人和外村人都让高大庭捎代物品。高大庭有仆人和高头大马，自然到达泰山是最快的。慢慢地，人们就把这个村子改名为"捎近村"。

我走到山下石泉山谷外口，几棵古老的柏树下嵌着一块石碑，那是清代同治年间留下的痕迹。上面刻着："此谷系登岱捎近之路，谷内山庄故名捎近村，梵石井，五原泉皆是，可济一方之级，易名石泉山马谷。"石碑上的字已被时间洗刷得模糊不清，但我用相机放大碑文，仍能发现一些令人惊诧的事情。村子曾有五个泉池，另建有水桥，泉水缓缓流过小桥。村子北麓乃山水汇流的地方，日远年深，遂成清壑，每值雨雪水涨之时，行者苦之余，初至此，尚堪跋涉，雨十余年来竟为深谷阻滞之患，故有建桥之举。

这里十余年来，无法阻滞山谷水流，人们因此建起桥，用一座石碑来纪念那个特殊的日子。当那些人走在桥上，走进他们熟悉的地方，就如同攀上最高峰。桥成为一代人记忆里的图画，王志慧在她人生的花园里把这些图画复活。

其实，除了图片，这里还保留有古井、石槽。古井前竖起一块碑，上方青石凿穿而成，看上去仿佛是在大地上竖起一把巨大的勺子，上面雕刻着生机勃勃的图案。井中淌出的清泉滋润着生命之树。王志慧讲述了关于古井的众多故事，这些故事不断在我眼前复活：村子里有五眼井，每眼井的位置都不同，是根据五行图设计的。其中最大的一眼古井呈勺子状，井前有一石槽，长约3米，宽1米。从井口向下望去，深几十米，井口窄，越往下井腔越大，井壁用青石紧密砌成，石壁上长出厚厚的青苔，挂满水珠。

传说，高大庭每年八月会带着心爱的妻子来村子里避暑。他坐在降龙树下，仆人们从古井中打出泉水烧开，为高大庭泡一碗山茶。山茶冒出的热气环绕在空气中，与森林里的氧气缠绕在一起。高大庭坐在躺椅上跷起二郎腿，闭上眼睛深吸一口气，感受这里的安逸与清净。

现在王志慧所在的院子是曾经高大庭家的后花园，分东西两个院落，房屋是二层砖木结构的小楼，楼的北面建有花棂窗户。推开窗，成片的绿色映入眼帘，一抹清凉扑面而来。那是高大庭一生居住的制高点，也是他命运的最高峰。几百年后，我站在花园里，在一瞬间，仿佛看到高家夫人束起高高的发髻，身穿绸缎旗袍，摇着蒲扇翩翩走来，她精致、典雅的生活消失在时间深处。

按照王志慧的说法，捎近村是高大庭家的庄园，庭院、堂屋、阁楼、花园，这些财富显示出主人的地位。堂屋内偏侧设有地下室，据说是高家用来藏金银珠宝的地方。如今，这座密室依然存在，它的存在以另一种方式向人们讲述村子的历史。夜晚，静谧的庄园里现出一盏灯。这样一幅美丽的图景展现在我的眼前，我仿佛能看到当年高家老小乘坐马车，携带金银财宝，前呼后拥，赶来山庄避暑。

据村民的叙述，高大庭是章丘西关有名的资本家，在济南，很多当铺、钱庄、良田都是高家的资产。人们常说，旧军的绸布，西关的当铺。曾几何时，高大庭曾与旧军孟家齐名，可谓是财力丰厚的大户人家。

如今，古老的石桥、气派的院落、青砖小瓦已不复存在，只剩下曾经种下的降龙树还原出村庄真实的历史。从石泉山村到捎近村，一个时代消逝了，村子里许多人与事都埋在厚厚的落叶下，这些落叶滋养着如今的村民们。若没有高大庭的存在，那么捎近村就可能不存在。村子有了人，才会有故事。

我站在庄园的遗址上，将想象投注于山间、水旁，沉入幽深的幻想之境，村庄所有的秘密都如清泉般涌出。我顺着山势漫步于小路，看着生机盎然的降龙树，走向下一个村庄。

JINAN 济南故事

第十三章

≋

探寻拔槊泉村

　　拔槊，多么冷峻的名字，唤起我对历史的思考。说起这个名字，就会让我想起这样的画面：尖锐的锋刃闪着寒光，骑兵在奔驰的马背上持槊冲锋。当年李世民出兵东征时，雷鸣般的马蹄在拔槊泉边留下空旷的回响。多少年后，我来到这里寻找李世民用过的槊，它是否还竖立在泉边？

　　拔槊泉的水流进彩石乡，经过饮马泉和玉河泉，注入鸭旺口，进入小清河。它常年不竭，泉水清冽甘甜，养育着一代代山脉上的人们。泉水不是由远及近，而是从雾中浮出山脉，给大山嵌上一条纽带，至今散发着甜甜的气息。

　　据《济南府志》载："泉出山半，涓涓不息，下有浆水泉。"拔槊泉村在济南海拔最高，伴着一池泉水，连绵在群山之中。

　　拔槊泉村也叫小关东，如果济南城是关里，那拔槊泉村就是关外。村子冷得较早，十月就开始上冻结冰，人们早早穿上棉服，提前进入冬季。村子位于西营镇的东北方向，据说李世民曾来过这里。历史的魅力引我去深入考察。我带着历史的故事，从济南历城区鸭西线出发，进入西营镇，驱车30公里来到这里。

　　这时是山上最美的季节，柿子挂满枝头，满眼繁华，远远地就能看见灰瓦白墙绵延在大山深处。我站在山边，看到古树、河流、村庄、大地，拔槊泉村隐藏在时间的长河中。

　　山里人种柿树有几百年，甚至上千年的历史，柿树耐寒耐旱，柿子在贫困年代是充饥品。"事事如意，诸事顺利"，这些美好的词句和柿树一起赐给了这块土地。

　　拔槊泉旁边挺立着一棵柿树，至今已有100多岁，它有着超强的生命力，似乎在向人们诉说柿子有七德：一增寿，二多阴，三无鸟窠，四无虫蛀，五霜叶窠玩，六嘉实可啖，七落叶肥大可以临书。古人认为，柿子有御寒保暖、补筋骨的作用，还能增寿、去火。霜降后，树叶如同一个染缸，把青的绿的都变成酱紫。孩子们从树上摘下一片树叶，挖两个洞当作眼睛，再画好三撇胡子，

拔槊泉村山景

做成喜爱的面具，戴着它奔跑在树林间。

柿树叶子肥大，夏天布满光泽，秋日火红似火，村子里有点文化的人家都会捡拾落叶来临习书法。树叶和墨汁的清香相互交融，产生特殊的气息。

人们自古以来就喜欢柿子，柿子红润似火，果实圆润饱满，寓意充足富裕。齐白石自喻柿园先生，他最爱画青色的方柿子，题款处题写"世世平安"。齐白石90岁所作《六柿图》在2012年春季拍卖会上，估价180万元。六个青柿子排列篮中，取"六六大顺"之意。齐白石的人生虽然坎坷，艺术之路却比较顺达。青色柿子突显出作者个性，青是深绿或浅蓝色，先生选其青色，表达的是对时间的怀念。古人认为"青"，东方青色也，青代表春天，春属于东方，人们称主春之神为"青帝"。先生笔下的柿子不仅有美好的寓意，也描绘出东方的象征。

我看到村民们从拔槊泉挑着一担担水浇灌柿树，泉水渗入泥土中，如雨露般滋润干枯的茎叶。村子里没有其他水源，人和树都靠泉水养育。洼地里长出的柿子和别处不同，水分大，甜度高。柿子成熟的季节，家家户户把柿子摆在窗台下。柿子经过阳光的照射，由硬变软，把柿子的"小帽"一脱，就可以喝了。本是吃柿子，却用一个"喝"字，可见柿子的糖蜜度有多高。

九月的城市还有"秋老虎"的余温，被柿树包围的拔槊泉村却已进入初冬，偶有几只知了藏在阴暗处鸣叫。我看到树下有个苹果摊，想尝尝当地的苹果。一个老太太蹲坐在苹果摊前，身穿暗红色毛衣，脖子上挂着布兜，皮肤黝黑，手指呈黑黄色，手腕上的银镯子显得格外耀眼。在跟大娘的交谈中我得知，大娘姓冯，今年72岁，60多年前跟随父亲逃荒到拔槊泉村。我刚站在树下，她便拿削好的苹果往我手里塞。拔槊泉村是红土地，这里长出的苹果味道与别处不同，我咬了一口，味道酸甜可口。冯大娘待人和善，有着天然的随和，好似那些古老的大树，虽然沉默，却将果实献给大地。

村子里有各种树木，树林最茂盛的地方是拔槊泉附近。夏天树林里知了很多，村里的人们打着手电筒，围绕一棵树上下打量。灯光聚集在树干上，知了附着在上面一动不动。人们把它们拿下来放进小桶，它们相互抓挠，用力往桶外爬。人们把它们摸回家，有的留给自己吃，有的拿到街上去卖。蝉在济南城里叫"知了"，也有的地方叫"神仙"。传说，唐朝时这种虫子吃了书中的"神仙"二字，变成五彩的身体，人如果再吃掉这虫子，就能变成神仙。

在这里，村民把知了叫作"呒有马子"，呒（mú）是山东方言，也是"没有"的意思。村子里的知了长不大，叫出的声音微小，传说是因为惧怕李世民的威严，

村子里的柿树

李世民曾看过的东西不能长大，否则就是对皇帝不敬。

从科学的角度分析，这是由于山的背面属阴，拔瑷泉村背阴，南面是一座座大山，山坳间的村庄冷得较早。地理原因造成知了长不大，并非皇上的威严，但村民们始终认为与李世民有关。

二

我用手指触摸石碑，感受石质的纹络，体温和石碑在这一刻相遇，我在想象中复原历史的细节。石碑上雕刻的马瑷笔直英气，红缨飘荡。瑷把我带到不为人知的所在，薄雾覆盖起羊肠小道和千军万马。

贞观十八年（644）的夏天，李世民身穿铠甲，骑着高头大马，率将士行至此地。东征路上，被敌军追赶，他站在山头向远处眺望，挥起手中的鞭子指向前方，就在那山背阴处，大队人马停下歇脚。

这里山高岭峻，四处悬崖，大队人马口渴难耐，纷纷倒地，而敌军则步步紧逼，形势危急。李世民抓过身边将士的瑷，往地上一插，仰天长叹："莫非苍天真的绝我于此地！"接着马狂躁暴跳，李世民将瑷从地拔出，不料清澈的泉水奔流而出，将士们一阵惊喜，人马痛饮，绝处逢生。李世民仰头长啸："我乃一代天君，怎有绝我之路？"那声音穿越大山，划破长空，在大山里回旋。

李世民是历史上最爱马的皇帝，他爱马甚至超越爱自己，他征战半生，在马上取得天下，马是他的命。他双手捧起一捧泉水，先让爱马"白蹄乌"痛饮，马甩着尾巴，踢了几下腿，嘴里发出满足的秃噜声。

《全唐诗》中所记，李世民的《咏饮马》写道："骏骨饮长泾，奔流洒络缨。细纹连喷聚，乱荇绕蹄萦。水光鞍上侧，马影溜中横。翻似天池里，腾波龙种生。"秋天的夕阳渲染出一条路，高大的骏马饮着泉水，汩汩泉水溅到马背的红缨上，溅起微小的水花，又落到地上聚在一起。泉水环绕马蹄，马鞍上映出的光泽在水中形成倒影。马在波涛中奔腾，仿佛奔腾在天界之池，它是天池的龙种。这是多美的画面，又是多高的赞誉。

龙是中华民族最崇拜的动物。在皇宫，龙指皇帝，皇帝是一国之君，大臣小心觐见，生怕惹得"龙颜大怒"，自己小命不保。李世民把马比作"龙种"，与自己平身而论，由此可见马在唐朝天命富贵。

村子里只养骡驴不养马，是从李世民离开村子后留传下来的风俗。民俗涵盖厚重的历史，这既是对李世民的敬畏，也是人们在生活中摸索出的习惯。人们将对皇帝的敬畏演变为某种祖祖辈辈的传统。人们认为马是圣物，不是寻常百姓能养的。

我走到拔楔泉边，看到一头毛驴，鬃毛密厚，前额宽隆，背平腰短，腹部鼓起，正在低头饮水。冯大娘说，拔楔泉村没有一人能养活马，甚至路过的马也不行，原因谁也说不清。她清晰地记得，30年前，有个外乡人牵着一匹马路过村子，走到山边，马突然咆哮如雷，跌入山下摔死。马跌入悬崖的一瞬间，传出一声长啸。从此以后，村里人对马更加敬重，一般人家不敢轻易再提养马之事。

拔楔泉的泉池呈瓮形，口小内阔，水自石壁岩孔流落池中，叮咚有韵，常年不息。村里人把它当作"神泉"，认为泉水有养生的作用。村里目前有100多个百岁以上的长寿老人。现在村子里只剩下老人，年轻人都外出打工了，他们有一种习惯，出门要带着一瓶拔楔泉的水，好似这泉水能给他们带来吉祥。

我站在泉边，向泉池中望去，淡绿的水如同镜子，让石碑上的碑文显得更加丰富。

拔楔泉泉池

JINAN 济南故事

第十四章

北渚园的叙述

一

渚，古人指水中的一片陆地。当水遇上人，我们把它解释为能容纳一户渔家的水中陆地。北渚即是济南城北水中的园子。当我站在北园华不注山时，我才真正领悟到"风景与时间"的真正内涵。

据《齐乘》一书记载："《水经注》曰，泺水北为大明湖，西有大明寺，水成净池，池上有亭，即北渚也。"这也是人们口中常说的北园。清代乾嘉年间，人们将北渚园改为北园，并用"北园"一词代指济南北郊一带。北园素有山东第一名镇之说，也是山东历史上第一个人民公社所在地。我们驱车进入北园白鹤庄，白鹤在窗外一闪而过。这片方圆几十里、随风泛起轻波的荷叶间，曾留下扁鹊、杜甫、曾巩、王士禛、季羡林的足迹。

站在白鹤楼上透一口气，我看到近处的清河遥望对面的华不注山，洁白的云在我们头顶。这里，仿佛时间在倒退，依旧是渔家撑船。他们靠水谋生，能拿起鱼叉飞速叉住跃出水面的草鱼。船行走在长满水草的河道中，空气中飘荡着荷花和莲藕的味道。傍晚的天空广袤，没有高架桥上的车鸣以及链接高压线的铁塔。白鹤站在水中，用暗红色的尖喙啄鱼，时不时地，便会有一对水鸟为了繁衍后代，投身于轰轰烈烈的爱情中。它们用喙子噼噼啪啪地互相敲打着，远处的苔草消失在视线中。

白鹤庄的村子早已和市区连成一片，村庄已不存在。老人们依稀记得，曾经的白鹤庄和北园的很多村子一样盛产白莲藕。在明朝，历城知县周斯农创办白鹤书社。到了明嘉靖四年（1525），周居岐弃官归里，立志讲学，将白鹤书社改名为白鹤书院，并自任山长。他平时讲学，还担任院务工作。当时学生达200多人。这也是济南最早的书院。书院是思想交流的最佳场所，所有的思想都可以在这里自由地展开，如北渚园清河的流水随意流淌。

白鹤庄诉说着书院清寂的岁月，入学的秀才坐在亭院里听讲，他们仿佛找到了归宿。傍晚，鱼鸟栖息在水旁，苔草在风中晃动着荷叶，我能听到露珠敲在荷叶上的声音。由于可以这样心神安静地读书，书院相继培养出功名者数

北园曾经的风貌

人。将白鹤书院的地址选在此地，让书院别有一番诗意。人们逐水而居，这里随之成为聚居区，人们便把白鹤书院所在的村庄称为白鹤庄。时间总是可以改变一些事情，白鹤书院荒废后，被当地崔姓人家购得，改为私人花园，当地老百姓把旧书院改叫"崔家亭子"。后来，园子几经转手，被外乡人罗以书购得，他直接将此园改名为"北渚园"。"白鹤书院"几个大字被"北渚园"代替，字迹的更换象征着那段过去的岁月悄然流逝。与此同时，这片永恒的故土却一直以"北渚园"之名在济南传颂，这种变迁的现象，只有深谙北园历史的人们才能够理解。

公元745年，杜甫由北渚经过清河，来到济南，恰逢北海郡太守李邕也在此地。北渚园秀丽的景色使人心旷神怡，在那一刻，杜甫的心被透明的水包围着，是那样柔和。李邕比杜甫大34岁，也是性情中人。他们在亭下饮酒作诗，吟出的诗句大概与眼前的景象相关。杜甫在此情此景中写下这样的诗句：

> 东藩驻皂盖，北渚凌青荷。
>
> 海右此亭古，济南名士多。
>
> 云山已发兴，玉佩仍当歌。
>
> 修竹不受暑，交流空涌波。
>
> 蕴真惬所遇，落日将如何。
>
> 贵贱俱物役，从公难重过。

　　杜甫看着眼前景物蕴含真趣，河水徒然涌波，他快乐却又悲伤起来。宴会将散，无可奈何，人生就如同这清河的水，聚起来又散开，恐怕今后难以故地重访。杜甫并不知道，1 000多年后，他随口吟出的"海右此亭古，济南名士多"已然悬挂在历下亭中，流传千古。

　　人的生命就像一场旅行，杜甫把内心的忧伤隐藏。平静的荷塘边，生机勃发的莲藕绵延在地平线上，杜甫端起一杯酒，抬头畅饮，与李邕作别离开北渚园。他的人生就像河水中的支流，注定漂泊。就是一次这样的相会，被记录在北渚园的历史中。

　　明代，济南城北小清河以南为北渚，我们从地名上可以找到历史的答案。白鹤村、水屯村、毕家洼、堤口路，这些沿用至今的名字无一不证明着北渚园曾经是一个水城。明代诗人许邦才在水屯村修建别墅，建筑风格效仿西汉梁孝王的梁园，故起名"梁园"。一日夜里，北风忽起，许邦才披上衣服，站在园中吟诵道："夜来北渚北风急，打头雪花大如笠。"由此可见，园子地处水屯村庄内，景美却人烟少，所以雪花才会如帽子一样大。实际上，诗人摒去复杂的心境，在诗中留给我们的那份凄凉才是打动人心的美。

　　古人把北渚园变为艺术之园。俯视齐州，华山、鹊山、药山、粟山、匡山、北马鞍山、标山、凤凰山、卧牛山组成了济南"齐烟九点"。"遥望齐州九点烟"，这九座山小如烟点，站立在渺渺茫茫的济南城边。其中华不注山，"单椒秀泽"，"孤峰特拔以刺天"，被赵孟頫绘成《鹊华秋色》图。这幅画被世代皇帝所爱，流传至今。一方面，华不注山在赵孟頫的笔下雄秀之气出于天然，大气而古远；另一方面，也证明自元代起，北渚园湖清泉旺，风光旖旎。时间如一幅卷轴，在历史上，北渚园曾吸引了无数名人到此游览，也见证了济南独特的历史文化。

北渚园经历了不断北移的过程。据《历城县志》载，北渚园的规模很大，"中有山见亭，小华不注，得月廊、曲涧、来雁阁、竹径、倚华书屋、泚亭、涵青楼、众香台诸胜"。这些景象把我带到北渚园辽阔的土地，一直伸展到华不注山下。广袤的田野上，山下小麦一片金黄，麦穗银波粼粼。由于水位减低，河滩显露出来。随着人们生活方式的改变，麦田取代荷塘，高楼取代书院，北渚园那些曾经的过往消逝得无影无踪，无论它曾经怎样灿烂，都隐藏进清河的流水中。

我生长在济南，曾经认为北渚园只是生产萝卜的地方，它虽然是在乡村，但在骨子里却是城市里的文化人。那里既有诗人，也有发达的手工业，裁缝、渔民、面点师，每个人都诉说着这里的富庶。这是一块富有的土地，是我经过的村庄中最有调子的一个。

二

几年前我才知道，济南的名吃油旋儿是北渚园的特色。

三月乍暖还寒，我带文友来北园白鹤庄，街上飘着各种美食的味道。一个火炉，一个案板，拉到三轮车上，就可以制作出济南美食油旋儿。外地来的客人，除了观赏泉水、华不注山，最该做的就是品尝一下当地的美食。美食不仅是味觉的享受，也是沉淀于身体的记忆，在美食中可以体验地方文化。油旋儿摊的老板娘头戴毛线帽，身穿红格子围裙，胳膊上的套袖显得干净利落，一口地道的济南话让外地游客感受到独特的济南风情。

朋友在家乡吃的油旋儿，味道是甜的。他从南方来到北方，不仅感受到温度的变化，更是体验到人和食物间发生的化学反应。老板娘把面团摔在鏊子上，喊着："油旋儿趁热吃。"她的声音温婉，带有情感的温度，撕破北方清

油旋儿

寒的空气。油旋儿的香味在北园胡同里散发,盘旋成"回"字状,在空气中弥漫。北园油旋儿远近闻名,又叫油旋儿回,用泉水和面,烤出来外酥里嫩,有特殊味道。

我在竹编筐里拿起油旋儿,咬上一口,酥皮里面透着葱香味。文友说,济南的油旋儿和南方的油旋儿味道不同。相传油旋儿起源于南方。

清朝时,齐河县的徐氏三兄弟去南方闯荡,从南京学会油旋儿的做法。油旋儿在南方是甜食,徐氏兄弟回济南后改良了做法,适应北方人的饮食特点,改成咸香味。清代学者朱彝尊所撰饮食文献《食宪鸿秘》中记载:"白面一斤、白糖二两,水化开,入真香油四两,和面作剂。擀开,再入油成剂;擀开,再入油成剂;再擀。如此七次。火上烙之,甚美。油旋儿源于江南。"老北园人喜欢吃油旋儿,最好的方式是搭配甜沫。我们找了一个马扎坐下,要了一小筐油旋儿,配上一碗甜沫,一顿地摊早餐完成了我对外地客人最地道的接待。

制作油旋儿,温度很重要,水和面更重要。春夏秋冬四季和面,掺水量皆不同,温度决定油旋儿的软硬。只见老板娘动作麻利,拉出烤箱,油旋儿色泽金黄，往中间摁一下，打出层次，陀螺式的油旋儿便做成了。

油旋儿还有老北园的特殊做法：将荷花切碎活于面中，咬一口，满嘴荷花香味儿。我坐在马扎上，吃出老北园特有的味道，仿佛离开这种氛围，手艺再高的厨师也不可能制作出感人的味道。这种味道里掺杂着北渚园的风，里面究竟还有什么，一时说不清楚。

国学大师季羡林在济南生活多年，耄耋之年很少题字，"软酥香油旋儿张"是他给济南一家油旋儿店题写的。他不仅是题写吉祥的名字，也传递出对家乡深情的怀念。回味一道美食，如同阅读记忆，寻找它的经历，唤起人们的回忆。

季羡林先生说："到济南求学后，说句老实话，当时并不喜欢读书，也无意争强，对大明湖蛤蟆的兴趣远远超过书本。"大明湖摸蛤蟆，北渚园村逮鱼，成为季羡林挥之不去的童年回忆。季羡林说："济南的每一寸土地都有我的足迹。"足迹是走过的印迹、留下的记忆，包含对家乡的思念。每每写到济南，他都称这里是"家"。2002年，先生写道："如果我到不了济南，也不会有今天的我。我大概会终生成了一个介乎贫雇农之间的文盲。"

北园高中影响了他的一生。他在北园白鹤庄读书两年，15岁到16岁，正是英国人称为teens的年龄，是人生最美好的年华。从一个顽皮的孩子到勤奋用功的甲等生，这中间经历了什么？

少年时期母亲不在身边，不能说是幸福，但先生认为在白鹤庄读书是幸福的。季羡林喜欢自然风光，白鹤庄小溪碧水潺潺、绿藻漂动，千佛山离这里二三十里路，它的倒影清晰地映在白鹤庄的河水中。这是先生去邮局取书的路上，偶然展现在眼前的一片清水。他曾读过的《老残游记》中记载："到了铁公祠前，朝南一望，只见对面千佛山上，梵宇僧楼，与那苍松翠柏，高下相间，红的火红，白的雪白，青的靛青，绿的碧绿，更有那一株半株的丹枫夹在里面，仿佛宋人赵千里的一幅大画，做了一架数十里长的屏风。"如今北园白鹤庄高楼林立，早已不见当年景象，它正变成岁月的一部分。但对于季羡林先生来说，直至70岁，回忆起白鹤庄，依然能记得年少时蹲在小溪边，看农民每晚到这里用苇箔插在溪水中捕蟹直至夜深，这情景仿佛就在眼前。白鹤庄紧临小清河，大明湖水流进清河，水流向哪里，哪里就有人家，它为济南渡上了一层闪亮的光晕，甚至连先生的记忆都是明亮的。他在《难忘当年的北园风光》中写道："我离开北园已经七十多年了，再也没有回去过，可是我每每会想到北园，想到我的teens，每一次想到，心头总会油然漾起一股无比温馨无比幸福的感情，这感情将会伴我终生。"

油旋儿有自己的语言，擀面杖敲击案板发出有节奏的声音，吃油旋儿的人知道这一锅马上熟了，便趁热买几个。打点声回荡在北园胡同里，这种声音不仅是叫卖的声音，它也是一种交流，更是一种情感，在敲打中成为一种民俗。食材和人的情感相遇，在炉火中碰撞出新的美味，产生地域独特的风情。鏊子冒出的热气驱走北方的清寒，我给文友带上30个油旋儿，作为老北渚园送给外地人的礼物。

居住在北渚园的人们越来越沉迷于美景与美食，美景与美食的关系似乎是天定的，它们好像有血缘的神秘联系。这种联系不只是兄弟间的，更是民族间的。我透过白鹤庄凝视着老北园，听着柳树和荷叶吟诵出诗篇，心想，生活在北渚园的渔民消失不见了，但北园依旧在那里。

第十五章

用文字筑起一座村庄

一

明朝章丘城之北，东有胡山，西有危山，南有锦屏山，北有女郎山，一条大河环绕其中。大河以流动的形式注入人们的血液，将人们带回生命的发源地。明代戏曲作家李开先就出生于这个大山和小溪纵横交错的村庄。那是一个美丽的地方，因为村子溪谷众多、绿树浓郁，是居住的好地方，因此，人们将村庄命名为"绿原村"。绿原，即绿色的草原，多么好听的名字，与其说是一片辽阔的草原，不如说这里的水、土、阳光是人实现梦想的地方。人们住在这里，听着溪流，看着青葱碧绿的草甸，有种难以控制的幸福之感。这种令人陶醉的生活吸引着李开先的始祖李演。

传说，村里有蔡、范两姓人家，李演精通风水学，察看此地，以姓氏为人文风水。蔡，菜也；范，饭也。有菜有饭，不愁衣食；青山绿水，可长子孙；为风水宝地也。当时长城峻岭外有金兵侵袭，为躲避战乱，李演择良辰吉日，由长城岭下迁徙至此。

没有比文字记载更真实的了，我从当地的县志中获得一切。宋代，这个村庄叫绿原村。据清光绪元年（1875）《李氏族谱》载，本村最早叫北分李、南分李。这是两个不同时代的部落，在我看来，这展示着村庄里流过的时间。北宋时，北分李由山西迁来此处；到了明代，河北枣强迁来的部落叫南分李。他们一南一北世世代代驻守着村庄。清代，这里居住的人们越来越多，向周边扩散。从高处看，村子形似一只大鹅，故人们将村庄改名为"鹅庄"。东面的村落为东鹅村，西面的村落叫西鹅村。这个老村落在水位暴涨后经泥沙冲洗，鹅的形状显现出来，"鹅"成为村民们敬拜或追溯的历史。

我站在鹅庄大桥上，看到几只白鹅，它们将橘黄色的扁喙伸进水中，扑腾着翅膀，形似鸿雁，游走在绣源河上。鹅显示出了它的智慧与霸气，能够为人们看家护院，是家禽中的贵族。从清朝起，鹅似村庄里的一尊雕像，用它腹部白色的羽毛荡漾出圈圈水波，那层层水纹来自不同的年代，在两只红掌划动中，与美丽的绿色草原一起写进村子的历史。

在一个秋末初冬寒风料峭的清晨，我来到传说中的绿原村。那一天，济南突然下起小雨，升起稀薄的雨雾，后来雾气越来越浓，绿色琉璃瓦在云雾中闪着亮光，与灰色建筑交相辉映，显得气派而高雅。绿原村的这座老院子有三座大殿，原东侧为吕祖庙，西侧是关帝庙。我来到建筑前，被一道铁门拦住，透过铁栅栏，能看到大殿的概貌，那仿佛是来自遥远年代的声音，令我感受到一种神秘。大殿上绿色琉璃瓦发出特有的光彩，它毫不遮掩地将宋朝时的骄傲与直率全部托起。由于历史原因，现在只保留有正中间的大殿。大殿建筑考究，屋顶两端建有螭吻，正脊中间设计骑兽仙人，金黄色宝葫芦立于脊背间，条脊正面雕刻红蓝紫绿色祥云、飞龙，这成为建筑中最惹人注目的一部分。古人将骑兽仙人置于屋顶，代表逢凶化吉之意，而葫芦嘴小肚子大，将它悬于房顶，证明仙人气场之大，有化煞收邪的作用。民间也有类似的说法，用红绳将葫芦串起，悬于屋子最高处，可以居家保平安。

琉璃瓦在中国建筑中占有重要的地位，是尊贵的建筑中不可或缺的。汉代时琉璃瓦极为珍贵，唐代琉璃瓦颜色颇多，宋代用琉璃瓦较为谨慎，到了清代对琉璃瓦颜色的使用有了新的规定。我见过故宫的大殿覆盖黄色琉璃瓦片；祈年殿是天坛主体建筑、皇帝祀天的地方，原来殿顶上青、中黄、下绿三色互映，乾隆年间改为蓝色琉璃瓦。所以，依据琉璃瓦的颜色，考古专家推断此房屋为宋代时期的建筑。

我眼前的这座大殿，垂脊与正脊上的神兽，因地位不一样而镶嵌在不同的位置。村里的老人李庆潭，今年82岁，从他的讲述中我复原出大殿最初的样貌。殿内正面塑太上老君，背面雕刻倒坐观音。院内建有

鹅庄常道观

文昌阁、关公庙、观音娃娃庙，也就是百姓们常说的娃娃殿。老人指着北面的方向，眼睛里带着一汪水说，曾经的九楼十三厅，只剩下一座大殿。幼时的李庆潭经常和同伴们在大殿里玩。每逢村里发生大事，比如失火，村民们便用木头撞响铜钟，铜钟是村庄里的大喇叭，人们纷纷带上水桶奔往失火的地方。可惜的是，铜钟在20世纪50年代已被毁，不知去向。

这里曾是常道观，人们也叫老君殿。至于这个道观修建于什么年间，已没有历史记载，人们只能通过仅存的建筑去判断。我在网上看到一张老照片，1936年6月，梁思成、林徽因坐在大殿房顶上考察这座古建筑，林徽因身穿旗袍，斜倚在大殿房顶，梁思成手拿草帽，他们坐在一起。照片和古老的建筑被记录进《中国建筑艺术图集》，他们对道观窗棂做了专门论述。常道观的直棂窗，在棂内衬以木板，板上并做圆洞，与直棂相映成趣。我站在殿外，感到一种巨大的力量袭来，我无法穿越铁栅栏，但又离老建筑这么近。大殿是村子里名副其实的荣耀，村民们是朝圣者，它以站立的姿态向我传达村子里发生的事情。我是一个游客，来到大殿前拜访，把人们口述的历史片断拼凑在一起，写出东鹅村的历史。

道观是道士修炼的地方，在历史上一般建在山上或者平原的至高处。道教讲究"天人合一"，道士观天象有助于求道证道，得道成仙。观天一定会选择地势较高的地方建立道观，这相当于一个天文观察台，道士夜观天象，看是出现红色旋涡，还是天狗食日；是紫微星临近北斗星，还是晚霞出现在子时。古人通过天象中的变化来预测凶吉、推算人事。这样的天文观察台起源很早，唐朝时期已比较盛行。比如隋末唐初时期的袁天罡，他是个道士，凭风声、风向便可断吉凶。他修炼观天的地方在四川天宫乡，也是村子里海拔最高的地方。道观之地是窥测天意所在之所，因此，修建道观的地方一定是不会受外界干扰、避开嘈杂的安静之地。于是，我们可以得出结论，在很多年前，东鹅村曾是一座山，也是这里的制高点。

清道光十三年《章丘县志》载："规制奇异，相传鲁班所构。工匠欲仿其遗法，仰视竭目力，出门即忘之。"早期的道观建筑构造奇异特殊，人们传说是鲁班一夜之间建成的，后人效仿其建筑遗法，抬头仰望，一出门便忘记了。由此也可以证明，建筑细节之复杂与豪华，不是常人所能效仿的。道观是缩小版的宫殿，其设计手法一点也不亚于皇宫。由此，也说明古代道观在人们心中的位置之高。李庆潭说，大殿西面建有关公庙，殿内有两块大石头，叫石公、石母，每逢春节人们都会前去跪拜。他小时候跟随母亲去大殿，母亲跪在被磨得发亮的石头上，石头在阳光的照耀下发出一缕光。

白衣殿外石公、石母两块人形怪石宛如一对翁媪，她们面带微笑相互问好。老百姓管这里叫娃娃殿。旧时，常有妇女到此烧香许愿，求白衣奶奶赐一双儿女。中国民间文化是一条直线从古代铺展开来的，人们由一座遗留下来的建筑探索至1 000余年前，它把我们带到某个地方，在那里我们能感受创造者巧夺天工的技法。

我走出东鹅村，这里现已变成平原，人们拆掉院子搬至楼房，只剩下常道观站在原址上。1 000多年了，人们顺着蜿蜒的绣源河居住在两岸。每到夏季时节，河水绕着山谷，使村子沐浴在风调雨顺之中。站在绣源河畔，仿佛可以呼吸到1 000多年前的风，山脉上郁郁葱葱的常青树和露出山顶的道观倒映在河水中，形成一幅美得让人窒息的山景图。

二

李演一家翻过山脉，从灵岩寺一路向东来到绿原村，看到这个美丽的地方，李演决定抛开尘世的负累，在村子里安家，结束流亡的生活。李家为人宽厚，李夫人出身书香门第，精通文字，很快便使李家发展起来。传至李家十世——李聪，字文慧，他秉承家教，乐善好施，享誉乡里。那年，他挑起红色盖头，娶得贤妻，次年生下一子名李淳，他用村子的名字"绿原"给儿子做号，字景清。一个名字道出家乡景象，同时李聪也希望他的儿子为人清正。李淳生性聪睿，15岁参加考试名列榜首，后多次参加乡试，数次落第，到40岁始举于乡。这时，父母年迈，家境落寞，李淳发出人生感叹，身值不惑壮龄，尚不能自立，仕途没有希望，他感到羞愧汗颜。贤妻王氏面对困境，变卖首饰及衣裙用作日常杂用开销。他们育有一子名开先，性格敏感多情。有一日，年幼的小开先将母亲典衣当裙的事情告诉家父。李淳听后强掩心中酸楚，便问夫人事中原委。夫人笑道："妻尝闻夫困妻耻，夫贵妻荣。只要您读书上进，何愁变泰无日，发身无时？点当变卖乃人之常，些许小事，何劳动心。"

有这样的人母做榜样，小开先变得越来越奋发读书。7岁时，他读完《论语》，并能属文、知声律，作出五言诗。父亲的好友田美登府做客，出上联："四诗风雅颂。"开先抬头仰望天空沉思一下，对出下联："三才天地人。"田美又出上联："孔融四岁知让梨。"开先立即对出："刘宴七龄能觅诗。"孔融对刘宴，四岁对七龄，让梨对觅诗，多么工整的对联！那年，李开先只有7岁。当别人家的孩子尽情玩乐时，他遵循先人李演的习俗，手捧书本，用文字把生活变得更为圣洁。

这样的成长环境促使李开先有了后来的成就。他并不知道，村民们在几百年后为他建起纪念馆，而这座纪念馆让李开先又获得了新的生命。

"阙文传夏五，行乐舞秋千"，这是李开先的亲笔字，悬挂于东鹅村李开先纪念馆内，字形宽扁庄重。面对这幅字帖时，我仿佛看到李开先铺开宣纸，竖起笔将"夏五"二字拉得很长，一直长到明朝。这句话彰显了李开先创作《金瓶梅》的初衷，同时也显现出他深厚的文化底蕴。

那一天，天空下着小雨，我来到东鹅村，有幸遇到两位老支书——李庆启和李庆水。李庆启今年67岁，头戴黑色

李演画像

村内李开先纪念馆

八角帽。在交谈中我得知，他干了20年东鹅村村支部书记，用5年的时间重修李氏家谱。他作为向导领我参观了李开先纪念馆。李开先（1502~1568），字伯华，号中麓子，嘉庆八年进士，明代著名文学家、戏曲作家、藏书家，有"天上文曲星"之称，也被誉为明嘉靖八大才子之一。他40岁辞官回到胡山，隐居在东鹅村写出《中麓草堂》，著就《金瓶梅》。

《金瓶梅》的作者兰陵笑笑生在学术上一直存在争议，有的人认为兰陵笑笑生是士贞，有的人认为是董其昌。从内容上看，《金瓶梅》山东方言居多，作者应是山东人。根据李庆启给我的资料和他的讲述，我个人认为《金瓶梅》的作者兰陵笑笑生是李开先。《中麓草堂》中写道："山中久住不知人世兴衰""著书幸在癸辛里""假名欺后世、实迹愧先贤""要使文章藏石室，不将名姓挂金闺""知名不必同君实，隐姓何须赋子虚""文章显晦千秋而下必知吾"。由此可以得知，李开先隐姓埋名在山中久住，用近10年的时间写出《金瓶梅》，署名为笔名，也就是我们今天所知的兰陵笑笑生。此书创作的具体时间是1553年到1561年，文中将书稿存放的地点、何时大白于天下，都对后人进行了暗示。

老书记李庆启送给我一本书，蓝色的封面如湛蓝的天空，上面印三个字"李开先"，开字为古体字，这是明兆乙写的李开先传记，1999年出版，那年明老先生已近古稀。从书中得知他的家离李开先故里只有3华里，也就是1 000多米，他自幼听着老一辈人口述李开先的故事，于是写下此书。这是宝贵的口述史，它与历史文献不一样，甚至内容远远多过普通的文献，是一代代人口耳相传的亲身经历。我拿到这本书后视之为宝贝。书中介绍，李开先六十寿辰那日，明代著名书法家、诗人雪蓑云游归来，为他祝寿。

李开先交友广泛，上至朝廷宰相，下至平民百姓。他在京当官13年，官至四品，可他无法忘记家乡，那份乡愁逐渐变成隐隐的痛，在每个月圆之夜都牵动着他的心。

我在李庆启的介绍下进入纪念馆，一进堂屋，我就看到了墙上的画像：李开先端坐在那里，一手扶腿，另一只手扶在腰间束带上。他头戴黑色乌纱帽，身穿红色官袍，胸部的黑底蓝色祥云显得夺目，官袍上绣有两只云雁腾空飞起。明朝补服因官位不同，刺绣的文样也不同。武官补服刺兽，而文官的补服则绣鸟。通过服饰也可以看出，李开先为明朝四品文官。

我站在画像面前，看着这个清瘦的老者，虽然我与他素不相识，但丝毫不影响我与他眼神的对谈。他当年辞官回到胡山老家，以故乡的水为墨，写出心中的巨篇。不管他是否是

李开先塑像

《金瓶梅》的作者，我都要称赞他，有这样一位老乡，是村子的荣耀。官帽永远不如文字走得更长远，这一点，在几百年前，李开先已经看得通透。我从他的表情里读出严肃与浪漫。严肃的是，他廉洁奉公，为了让百姓减免税租直接谏言皇帝，百姓们称"为民伸张正义唯有中麓先生"；而浪漫的是，在某一时间，他会脱下官袍，吟诗作画，唱一曲山间小调，还写出了《金瓶梅》这样的名著。

李开先喜欢"中麓先生"这个名字，它代表生命开始的地方，就如同其父亲李淳的号"绿原"一样，寓意这片土地给予他们生命，并赋予他们才华。胡山分南麓、中麓和北麓，中麓是胡山的中间部分，也是李开先读书的地方。他喜欢这里，群山相连，云雾缭绕。他在胡山建起中麓精舍，长期居住在此处，并写下著名的《中麓草堂》。明万历《章丘县志》载："中麓即李太常开先读书处。山下有泉，清冽可鉴须眉；山顶西南有石，隆然挺立，高可数丈，俗呼为落鹰石。"李开先喜欢中麓已经深入到骨头里，他为人处事也讲究一个"中"字，这或许与他从小读《论语》有关。孔子讲求中庸之道，"中"就是不走极端，"庸"是不唱高调。因此，"中麓"符合李开先的审美，也代表他的忠诚。

公元1532年，李开先病愈赴京上任，改任户部主事，札管太仓，收受运兑粮斛，用现在的话说就是负责粮食计量称重。传说，后宫一位受宠的大太监，通过监督太仓的中贵人，想窃取五百斛皇粮。李开先得知这个消息后，召集所有太仓吏卒开会，让吏卒放出风去：按大明律，凡盗取官粮者，一贯以下杖八十，至四十贯斩首。中贵人很快得知此事，听到后惶恐不安，只好畏法却步。李开先效忠皇帝，为官时，他让一大批想投机取巧的皇族权贵退避三尺。这期间也得罪了很多太后的亲信、皇帝的兄弟。因此，他辞官不是偶然的，而是必然的。

李开先身在京城，心系家乡。嘉靖二十年，章丘绣惠民不聊生，典卖田产，市鬻女男，离弃乡井，苦死牢禁。李开先见状，写下了《苏息民困或问》直谏皇帝。皇帝得知情况后，免天下三年田租。我在先生纪念馆看到一行字，内容如下：

　　章丘大差、税粮外，有均徭、银力二差，孳牧、驿传、二码头支应、里长收粮大户、两河夫役、南北要路供费，加以水旱荒虫螭。民困而流，盗起而侈，所赖明决上司。

　　本县嘉靖二十年前，银粮已过七千，今加到一万一千。县治（指旧章丘城，今绣惠镇）当东西孔道，上司及食客往来络绎不绝，编额公用银二百两，官吏折俸，孤老冬衣布花，新官到任器具，旧官受奖礼仪，捸马部粮官盘费尚且不敷。所有合用廪给、心红纸札、公私酒席、冬夏铺陈、公馆修理物料、军匠造册上食、考校生儒纸笔花红、操练壮勇赏劳、雇赁马匹乡宦处上司送礼、县送门神桃符，俱系无名杂费，所需不下万两，皆是里甲（村庄）出办。

　　一篇文章承担起为民呼喊的声音，李开先深知绿原村不知苦死多少生命，只要能为家乡减免税收，他宁肯冒着掉脑袋的风险谏言圣上。皇帝是圣明的，批阅了李开先的折子，下旨免征田租税三年。李开先在户部三年，两次札管太仓，管理皇粮，这项工作不是普通人能胜任的，由此也显示出他的政治才能。

　　我和老支书李庆启跨过门槛，进入另一个房间，墙上的照片已变得发黄。那是一间灰瓦小屋，门前立有两根木柱，椭圆柱础支撑起房屋。门前的翠竹依稀旺盛，与柱子上的撰联相映成趣，上联："书藏古刻三千卷"，下联："歌擅新声四十人"。院子里长满杂草，这曾是李开先著书编词的场所。自从李开先离京卸任后，文学这匹大马就在他的内心里狂奔起来。嘉靖二十四年（1545），他在中麓山精舍建起万卷藏书楼。内阁大学士张璁赠诗云："中麓山堂下，云天万里长。人惊天上语，风散垂涎香。"

　　从张璁的诗中，我们不难看出当年胡山的美丽景色，从山堂转向天空，又从云端转至人物，胡山的风一吹，连唾液都带着淡淡的香味。这是山林里的气息，那些带着铜臭味道的豪宅怎能与之相比？

　　走出纪念馆，我与两位老书记合影留念。纪念馆南侧是李氏坟茔，将近千年了，李开先和他的祖先就葬在那里。李庆启像守墓人一样，无论刮风还是下雨都守卫在这里。他热爱着丛林里的村庄，也热爱着先人李开先。因为李开先的存在，东鹅村便有了较为厚重的文化历史。我走下台阶，看到李氏先茔仿佛是空中搭起的楼阁，向远方铺出一条路，牌坊上面写着"漫漫长夜何时旦，瑟瑟高松不记年"。传说这副联是雪蓑听到李开先去世，来到坟前，用玉米苤子写下的。可见他们的情义之深。他记起那年他们相遇在青松树前，思念如潮水般涌上心头。如今，雪蓑只能在大地上栽下一棵松树，让李开先的精神万古长青。

墓碑把李开先及其祖先李演的名字一起留在东鹅村的大地上。在我看来，这块石头记录着过去时间里的人与事，展示着村子里曾有的光环。李开先像碑上的字一样，从未消失过。他生命的意义不在于死去时的葬礼，而在于其留下的文字为村庄记录了历史，他让东鹅村从此变得不同。

JINAN 济南故事

第十六章

一枚铜钱灰迹的建筑

一

　　那座古老的田家公馆又一次冲进我的视野。推开公馆厚重的大门，高大的门楼雄浑健劲，拱形的圆门通道一直通向院落深处。

　　门楼上嵌着一朵荷花，拱门的边缘是一圈圆形小瓦，小瓦上刻有狮头像，狮子勇猛、威严。时间并没有让神兽失去它的精神气，反而让它的身上多了些沧桑。狮子这个兽中之王因象征着权力和吉祥，所以背负着特殊的使命。荷花下面是精致的X形花纹，荷花被两片硕大的荷叶托起，包围在中间。门楼外方内圆，有天圆地方的喻义，也是"圆形方孔"钱的变形。我见过济南很多遗留的老建筑，却很少见到在建筑中用铜钱的形状作为门的设计。公馆的主人是一位盐商，钱代表他的事业、地位，他把他的生命中最重要的两件事一起植入建筑中，这也突出了盐商的个性。无论是雕花，还是神兽，它们各司其职，为主人保护建筑的安全稳固，同时也寓意美好安定的生活。

田家公馆房顶雕刻的荷花

石榴树在公馆生长了60余年。春天，石榴花开了，满树红艳艳的，如果哪天恰逢一场小雨降临，花瓣会铺满田家公馆的巷子。济南的小院，家家都会种石榴树，祈求日子红似火、多子又多福。从远处看，后宰门街的老房子被高楼大厦遮蔽着，两侧房子虽多，但大都建于新中国成立后，即便看上去古色古香，也多是仿建。只有进入老宅子，那些被高楼掩盖的历史才会显露出来。

田家公馆主人短暂的人生如同波浪般奔涌，在被遗忘的年代里，把盐史续写在公馆的墙壁上。"此院落建于清末，精巧别致。宅子原主人姓田，是个富甲一方的盐商。"这几行字飘进我的视线。我想找到关于主人的答案，而"盐商"二字是留给我的唯一线索。房子只是外壳，在它的内部应该还藏着一个悠久的故事。此时，我像一个侦探，用手触摸着墙壁上残留下的痕迹，试图从中寻找主人留下的信息。

我走进现代化的图书馆，查阅关于公馆主人的信息，鼠标点中"田家公馆"几个关键字，用放大镜在屏幕上一圈一圈搜索，哪怕记录在案的只有一句话也好。遗憾的是，竟没有找到关于公馆主人的任何资料记载。自古至今，盐商和官商是不分家的，或许田家公馆的主人是一个普通商人。

我回到家，翻看照片，才发现田家公馆确实不同于北方的建筑。北方民宅的门楼大都是吊角式，屋脊上站着神兽。跨过田家公馆的拱形大门，一直往里走，灰色的巷子仅有几米宽，两侧是高低不同的房屋。紧闭的大门、沾满锈迹的锁挡住我的视线，我只能透过门缝往里张望。在朋友的带领下，我方才进入，见到住在这里的王正平。王正平个子不高，皮肤有种健康的黑色，他在这里住了63年。听他讲，现存的过道门前面原有高大的假山，上面题写四个大字——"城市山林"。或许田老爷每天往返于泺口和后宰门巷之间，泺口的风太大了，他要修建自己的园子，如城市中的山林，让他可以呼吸到新鲜的空气，可以用地下的泉水泡上一杯上好的龙井，散去一天的疲惫。在泉水与茶叶触碰的瞬间，淡绿色的叶子慢慢伸展开，露出叶脉，香气回绕在"城市山林"中。他躺在长椅上，想一些久远的事情。

穿过窄长的巷子，我来到一座月亮门前。月亮门高约3米，由灰色的长形小砖砌成，门的上方和下方是左右对称的祥云。远处看上去，外方内圆，门内有一座假山，宛如镜子里映出的壁画。据王正平说，从他出生时，假山就存在着。精致的假山代替了影壁的功能。假山北侧是一道过门儿，磨砖对缝的工艺极为考究。月亮门又称月洞门，是对公馆前厅的分隔。月亮门不是所有百姓家都能见到的，它常用于公馆、豪宅、园林、书院。田老爷在 "城市山林"中建上月亮门，才能和公馆的建筑相匹配。"山林"中有月亮门的衬托，更能显出公馆的庄严和婉约。无疑，这里曾是田家公馆最引人注目的部分。

穿过月亮门，里面是一个四合院，正房北屋还保留着原貌，深蓝色的小瓦铺顶，蝎子尾形的花脊，正屋前的木棂门窗和雕花装板保存得十分完整，这在济南现存的古建筑中已很少见。王正平先生告诉我，院子里住了九户人家，他们来自不同的地方。正屋被来自青海的一个人买去，老人已年过九旬，房屋空了许久。我趴在玻璃窗上往里看，屋内正中间摆有一张八仙桌，左右两把椅子，东墙上挂着装裱过的字画。我第一次近距离地抚摸这栋建筑，久未打开的

月亮门

门和卷帘上几株枯黄的艾草沾满灰尘。建筑也有衰老的一天，如同一个白发老人带着微笑，在喧闹的城市中坚守着。

王正平告诉我们，院子里有一条小河，在他小时候，珍珠泉的泉水流进院子，与这条小河在假山处汇合。田家老爷确实有眼力，辟得这么一块静地，让人可以放下一天的劳累在院里赏花、品茗，可见他的生活除了忙碌还是有诗意的。文字的资料没有给我留下一点信息，但我想，如果田老爷不是生长在济南，只是在这里做生意，那他一定是在这里辟一宅地，作为家眷的歇脚地，这里就是他的第二故乡。

根据现存的老建筑依稀可以判断出，从进入公馆的门楼开始，两侧的房子应该都为田家公馆。建筑是活着的历史，是生命的体现，更是一个家族的奋斗历程。田家公馆和它的主人一同留在历史的长河中，一直延续至今。

二

田家公馆是一个古老的生命，盐商田老爷把个人的奋斗史诗一同设计进房子里，田家公馆如同他生活的容器，有血有肉，呈现在一砖一瓦上。一座建筑，有它自己的诞生、青春、成熟、衰老；在这里，建筑的主人也经历人生的悲欢离合，有情场的得意、职场的失意等，这些都是人生必经的历程。来往的人群中，时常有人站在老建筑面前合影，用照片留下美好的记忆。灰色的砖瓦色彩不是涂抹上去的，它用顽强的信念与狂风暴雨抗争，讲述过去的事情，坚守着、等待着读懂它的人。

唐代云南、西藏一带出现过盐制成的货币；元代，云南盐币是由官方发行的，并盖有君王印记，每块重约半磅。唐人樊绰在《云南志》中说："蛮法煮盐，咸有法令。颗盐每颗约一两二两，有交易即以颗计之。"根据这一记载，可见云南一带的盐币交易是以颗盐为计量单位。那么，云南以食盐为货币的历史应该早于唐代。《管子》曰："十口之家，十人舐盐；百口之家，百人舐盐。"盐和人类几乎同样古老，甚至可能没有人之前就有了盐。

在田老爷那儿，盐就是他的钱。田家公馆屋檐上的小瓦雕刻着铜钱的花，瓦与瓦之间由半月形的花边连接在一起，花边的雕饰是龙。远远看上去，宛如一串铜钱。钱若成了串，可是能让田老爷笑开花的事情。可见，田家公馆的主人在宅院的设计上是花费了一番心思的，即使不是出于他的设计，公馆的设计师也一定是钻进了他的心里。坐在这里，他可以安静地想，明天如何同盐御史交差，如何收购更便宜的盐。

三

进入小暑，空气中流荡着一股热气，有民间谚语说："小暑大暑，上蒸下煮。"这种天气才是晒盐、产盐的好时节，也一定是田老爷最忙碌的季节。我又一次来到田老爷几乎每天都要抵达的地方，小清河的船排队停靠在岸边。泺口是济南城北最著名的渡口，千百年来无数的商人都是通过它跨越济水或黄河，满载货物赚取财富。泺口古镇有32条街巷，然而此时都已被高楼大厦代替。

我在网上搜到一幅老照片：一片荒芜中，隐约可见河对面的青山和人家，近处是一只船，船头简易，一根细绳拴在岸边的铁棍儿上。登船的队伍中，一匹黑色的马已运到船上，船的旁边铺着一块木板，戴三角帽的牵马人拍着马鞍，准备让第二匹马登船。第三匹马是白色的，它的头拴着缰绳，向远方看去，不知自己将被运到何方。这是一个日本人拍摄的渡口照片。据记载，中国古代从黄帝起，河上就没有架过桥这样的东西，都是使用渡船，连人带马一起摆渡的。

两千多年前，现在的泺口是座古城，金代时叫泺口镇，明代叫泺镇，清代又改回泺口镇。古镇有32条街，堪比济南府，甚是繁盛。盐商们都在附近交易，有的置办房产，有的买卖货船。据《历城县志》载："泺口河上，昔日有管子城。"泺口等同于现在的港口，每天人头攒动，有达官贵人，也有下苦力的装卸工。他们都带着各自的目的，抑或是经商买卖，抑或是为了生活奔波于此地。

　　元代时，济南靠近京城，是要冲之地，被命名为"腹里"。小清河和大清河形成了联运网。当时济南府属邹平县，设有官船运输队，称为"邹平纲"，船户近300家。小清河以盐运为主，当地百姓都叫它"小盐河"。1308年，山东盐场共19处，山东盐税收入为宝钞4 650万贯之巨。盐业的营运让泺口古镇繁荣，呈现出清明上河图般的景象。据《历乘》中载："泺镇，城西北二十里，商人贸易之处，胶莱分司驻焉。"商人进行贸易的地方，一定经济状况良好，茶舍、旅舍、餐饮一应俱全，商人们往往在聊天中就把生意谈妥，盖上大红印。

　　从历史上看盐业的交替：春秋时期，齐国管仲实行官山海的政策，盐成为国家专卖；到了宋代，将国家专卖的制度变为交引制，由盐产地领盐运销；到了元代，实行关盐法，就是盐商买引，运到各地销售；明代时，更加完善了体系，建立了名册，不在册登记的盐商不得经销；清代，引有定数，岸有专商，盐商和御史结合，将盐固定进了法律，盐按"引"计，一道引为一包盐，重约100公斤，到清末，一包增至250公斤为一引。

　　清末兵灾过后，为重建专卖制，据《山东盐法志》载，由秦、关、范三家承包原盐业商的行商权。三家为表忠义和求得保护，在泺口修"三义街"，街北头建"三义阁"，通街深宅大院，并在西门里设有镖局。盐商是商、官、士的混合体，清末时山东巡抚谭廷襄的女儿下嫁成为大盐商秦家的媳妇。古代的盐商大都富可敌国，林黛玉的父亲林如海，担任的是两淮巡盐御史，正是既有权又有钱的"肥差"。

　　根据历史留下的信息推断，田家公馆的主人可能是二级或三级承包商，并没有在清代记入名册之内。也可能是在本地经商的南方人，又不想为了家眷奔波，公馆便成为他落脚的地方。小暑的这一天，他坐在公馆的大树下，烧一壶泉水，泡一杯龙井。我似乎看到茶叶飘浮在碗儿中，他轻轻抿了一口，回味无穷。

　　卡尔维诺说："城市不会泄露自己的过去，只会把它像手纹一样藏起来，它被写在街巷的角落、窗格的护栏、楼梯的扶手、避雷的天线和旗杆上，每一道印记都是抓挠、锯锉、刻凿、猛击留下的痕迹。"

有些东西在遗址中被找到，有些在史志中，还有些在心灵深处。

四

七月是北方一年中最热的月份，蝉鸣声、树叶的摇动声一起挤进后宰门街的巷子里。我又一次来到这里。在绣楼的不远处坐着一个老太太，我把车子停在她的家门口。她摇着蒲扇向我走过来说："大妹妹，这里停车十块钱，不记时间。"要知道，在附近的几条街，找车位是件很难的事情。老人穿着格子衬衣，戴着金丝眼镜，花白的头发被蒲扇吹得有点凌乱。在与她交谈中我得知，她叫刘卫东，已经在巷子里生活了70年，会讲一口流利的普通话。我上下打量着她，问："大娘，您一定读过书吧？"她说："我读过高中呢。"我似乎能从她的眼神里看出，她不是位普通的老太太。她对我说，她隐约记得自己小时候出生在田家公馆，父亲租住了公馆东面的房子。她的父亲在北京王府井后面当大掌柜，赚钱后就在公馆的附近买下了现在的宅子——万寿宫6号，宅子共17间。老人拉开抽屉，找出一个红包，从包中拿出一张四方的宣纸，轻轻地铺在地上。这是民国三十三年一月十四日的地契，地契的四周是一圈儿黑色圆形花边，蓝色的印章依然清晰，印着私有不动产注册之章，注册价格两万元。公馆是有灵气的，刘卫东的父亲选择租住田家公馆的房子，也许是想沾一下大盐商的财气。没出几年，她的父亲在公馆的旁边置办了属于自己的房产。

刘卫东说，她小时候经常在田家公馆里玩儿，绣楼是她经常去的地方。绣楼不是坐北朝南，而是坐南朝东，有12级台阶，台阶在最隐蔽的南面，已被时间的脚步磨得光亮。我推开红色的小门，一束阳光照进屋子。阳光是古老的，让刘卫东从小姑娘变成老太太；阳光又是年轻的，它始终没变过。

现在，住在里面的大姐告诉我，房子墙体很厚，冬暖夏凉，四梁八柱，结实稳固。绣楼和现在的房子大不相同，绣楼的北面是一扇六角型格子窗，从布局上来看，透过这扇窗往北看可以看到田家公馆的全貌。可以想象，田家大小姐每天最快乐的时间，是趴在窗上看打扫院子的仆人、来往于公馆的客人，这扇侧窗就是她的世界。

这次来和上次来的心情不同，田家大小姐的气息和我的呼吸在屋子里撞击，我分明可以看到她透过一扇窗，看荷花静静地开放。她喜欢这个窗口，雨天可以闻到湿润的味道、风中荷花的味道，还有草和泥土的味道。

公馆、绣楼、淑女，为我描绘出最初的画面。我相信，我曾经来过这里，在某一个遥远的年代。

JINAN 济南故事

第十七章

明天我们去甜水村

"明天我们去甜水村散步。"说完这句话，我看着女儿的小脸：目光清纯，一脸稚嫩，流露出美好的渴望。济南素有"火炉"之称，毒辣的阳光让女儿躲在有冷气的屋子里，她常站在钢窗封闭的阳台上，看着楼前阳光下几棵孤零零的柳树。我想，我应该带她走出家门去了解我们居住的城市。要了解一座城，首先要走进村庄，那里有耐人寻味的老故事。

伟大的自然主义作家梭罗说："一本真正的好书往往是自然的，完美得出人意料且难以形容，仿佛西部大草原，或是东方丛林中发现的一朵野花。"这本大自然的书，需要从小开始阅读，而不是长大以后来恶补。我想，对女儿讲多少生活的、社会的、人生的知识，也不足以替代大自然对她的启蒙。只愿有一天，当她离开温暖的家，独自走进社会时，面对纷繁芜杂的东西能承受得了。但是，在一起的时候，我觉得母女之间有时应该像朋友一样相处，我不愿讲大道理，拿长者的口气教导她。

第二天清晨，我在睡意中被晨光叫醒。一夜的闷热，在清晨终于有了凉意。小区的院子里空荡荡的，休闲场的草坪和运动器械竖立在天空下。在我居住地方的北部，是古老的黄河，千百年来奔流不息，创造了灿烂的文化，但是发起难来却像恣肆的野马。作为华夏子孙，应该先了解母亲河，它发源于巴颜喀拉山北麓的约古宗列盆地，流经山东，最后注入渤海。几千年的历史文化滋养着济南这座城市，一条河使大地变得深沉、丰厚，使牛羊变得强壮、有力。我想我应该带她去了解黄河两岸的村庄以及人们的生活。

我们开车驶出城市，当我回望城市林立的楼房时，心中一阵轻松的狂喜。女儿那双不符合年龄的大脚，从出生到如今走过许多路，双脚感受到的是平坦的柏油路、印着花纹的水泥砖铺的人行路，难得有机会在充满生命活力的泥土地上奔跑、呼喊。

车开到黄河岸边，我们爬上大堤，眼前是簇新的世界。高耸的树木有硕大的树冠，野草在大地上生长，五颜六色的小花任意撒落其间。景物的变化让生活在城市的女儿感到新鲜。她的眼中多是线条呆板的楼群，到处是拥挤的人、跑动的汽车；路两旁的树木失去鲜活的绿色，覆盖了一层灰尘。

鹊 山

　　我把车停在一边，此时它像一个怪物在注视着我们。女儿在前面边跑边喊，喊声打破清晨的宁静。她的小花裙子在阳光下与大地上的野花相映。城市的早晨早已笼罩在灰蒙蒙的烟雾中，而在这里，我们穿越森林小道，面朝蓝绿色的林海。但这一切对于甜水村的人来说已经习以为常。然而，不得不承认，正是这片令人心生阳光与生命之地，才会有"甜水"二字的产生。我对这个村庄的名字感到好奇，甜水从哪里来，又到哪里去？在这里，一定会找到答案。村庄的人们曾经住在鹊山脚下，1999年，他们从鹊山水库搬到这里，改名叫甜水新村。

　　每年七月，鹊山周围鸟鹊飞翔，布满整个山脉。人们传说，因为扁鹊葬在这里，所以每到夏季，鸟鹊们便从四面八方赶来祭拜神医。鹊山上怪石嶙峋，有的突兀矗立，有的壁立千仞，有的悬空欲飞。甜水村透明的阳光和河流向我们描述着村子的过去。唐代，鹊山下一片汪洋，附近的人们把这里叫鹊山湖，村子里有汩汩泉水冒出，清凉甘甜。因为村里有泉水，历史上迁往村子里的人渐渐增多，形成了村落。因此，人们给村子起名为甜水村。人们庆祝甜水横跨鹊山湖，来到村庄。村民们在门前屋后种上果树和花草，并在村口立上一块碑，刻上几个大字——"甜水村"。石碑上的文字显得有力又温和，它象征着神圣和生命，在光和水的共同滋育下，让人们倍加膜拜。

我想，我们最应该了解的是一个城市的历史以及它在空间和时间里记录、传承的地方文化。走出家门，我们眼前所看到的，不在于一座山或者是一个村庄的价值，而在于它的年岁，在于它是否见证了人类的历史。尤其是作为一个济南人，更应知道这片土地上曾经发生了什么，它在我们的文化里所占有的地位。

我指着大山告诉女儿，眼前的这座山，因扁鹊曾在山上炼丹，所以叫鹊山。扁鹊是战国时期的医学家，其实他真正的名字叫秦越人。女儿兴奋地跳着说："我读过他的故事，他喜欢给人看病，常用的方法是望闻问切。他是济南人吗？他长什么样子？"女儿一系列的问题等待我的回答。我们走到山脚下，看到扁鹊的雕像：他额头圆润突出，胡子茂盛，头发束起，用绳布扎绑，身穿粗布衣，手拿拐拐，拐上挂着药葫芦，显得慈眉善目。扁鹊是中国医学界的鼻祖，他的故事在鹊山脚下流传了两千多年。

《史记》记载，扁鹊年轻时曾是客栈管理员，有个叫桑君的人常来住店。桑君是当时的名医，他走遍秦国、赵国、周国，擅长儿科、五官科、妇科等各门科类。扁鹊对他尊敬有加，并经常观看桑君给人看病的样子，甚至对于桑君用过的

扁鹊画像

药渣，扁鹊都会产生浓厚的兴趣。他跑到附近的药山上采取植物的根和茎，并向桑君请教它们的药效和作用。桑君高兴不已，此时他年事已高，正要寻找合适人选将医术传承下去。眼前的扁鹊使他心中一亮，他对扁鹊说："你的性格适合行医，你是否愿意学习医术？"这可是扁鹊做梦都想的事情。于是，桑君便将祖传的医术秘方传授给扁鹊。扁鹊潜心学习，云游四海，最终选择在家乡药山采药、鹊山炼丹，行医救人。古代药效如何，全在于煎药的过程，水自然也是非常重要的。因此，扁鹊用鹊山湖的甜水煎药，自有他的法度。

女儿又问："那神医为什么要叫扁鹊呢？"我告诉女儿，因为当年的医生走到哪里，就会将平安和健康带到哪里，好比是喜鹊给家人带来喜讯，所以，古代的人们把医术高超的大夫都称作"扁鹊"。女儿似乎明白了神医背后隐藏的故事，她兴奋地跳起来。山那边飞来一群鸟，抖动翅膀，站在树枝上与女儿对视。我很喜欢这种感觉，这种感觉让我觉得生活是有意义的。终有一天，女儿也会带着她的孩子来到山下，也给他讲扁鹊的故事。

甜水村的人们离扁鹊最近，扁鹊似乎是属于甜水村的。泉水穿越时空，每一个流淌的水分子里似乎都能映照出扁鹊的影子。传说，很久以前，村里人每逢红白喜事都需要置办大量桌椅，他们便去扁鹊墓前祭拜，并许愿希望扁鹊能出借桌椅。第二日，人们再去墓前看时，果真有桌椅摆在那里，人们用完之后再放回原处。在以后的日子里，村民们每逢遇到难事，都会去寻求神医扁鹊相助。我终于明白，扁鹊在甜水村不仅是位名医，在这里，人们还对他有着最崇高的敬意，把他视为神仙，像对待各个家族的族长一样，将其画像挂进堂屋，共同写进民族的史书。

鹊山上古迹很多。鹊山寺为宋代时创建，坐北朝南，分为南北两院，内有佛爷、菩萨、罗汉等神像。山中还有扁鹊祠、鹊山亭，以及尚存于山下的扁鹊墓，墓前的石碑立于康熙三年，上面刻着"春秋卢医扁鹊之墓"八个大字。旁边的芙蓉树枝叶茂盛，繁花胭红，听当地人讲，墓下有穴，掘土听之，嗡嗡作响。

人们纪念扁鹊，从山下村庄的名字便可以得到印证，比如鹊山东村、鹊山西村，以及鹊山湖流淌出的甜水村。这些村落历经百年，甚至千年，它们见证家族的崛起，也在时间中次第盛开。这些村落中的村民姓氏不同，来自不同支派，每个支派都有自己的历史人物和传说，但这些并不妨碍他们共同崇拜扁鹊。在经历几代、几十代人之后，人们登上鹊山，突然发现他们从未离开过扁鹊。

女儿昂着小脑袋，做出一幅怪样。我能感受到她听完故事后的惊讶和兴奋。大地生长万物，槐树、杨树、枣树，它们吸收泥土的营养，有着顽强的活力。不远处有一个村庄，一家院落中的枣树长得茂盛，使土屋有了绿色。这家院落的水泥屋边，保留有一间泥土屋。这是为了保存记忆，还是来不及拆掉？有位老人坐在土屋旁，身子斜倚着，眼睛微闭，貌似很享受这样的时光。

老人告诉我她喜欢这样的屋子，用玉米秸秆烧的土炕保温性能好，能驱散夜的寒气，烙人的筋骨，解乏除累。屋里的大炕布置得随意，家织土布做的被子盖在身上十分舒适，让人睡得香甜。一家人睡在一张炕上，挤挤挨挨，形成安稳的家。土屋把遥远的记忆展现在我的眼前：一个新生命呱呱坠地，清脆的哭声传出很远很远。年轻、健康的母亲把孩子抱在怀中，她的怀抱像土炕般温暖，笑容像枣花。窗外的枣树结满了枣，这一年风调雨顺，又是丰收年。孩子开始蹒跚学步，跟在母亲的身后走到井边，第一次看井深处清亮的水。井是他记忆中的一部分，今后不论走到哪儿，他都会想念母亲，想念滋养他的土屋。

质朴的大自然正展现出生命的激情。野地深处的灌木丛中潜藏着许多小动物，需要你耐心地发现。我的脚踝不时挂碰路边的草尖，湿润的水珠沾到裸露的肌肤上，有轻痒的感觉。女儿弯腰去折细长的草茎，她折草茎时的神情专注，草茎断口处流淌的汁液染绿了她的手指。她把草茎放到鼻下，尽情地闻着。

这幅画面让人感动，人的呼吸与土地的心动紧紧地相连。在这儿，人们感受不到孤独。

野草的香气弥漫，鸟儿被我们的脚步惊动，拍打枝叶疾飞。我们沿着小路向前走，偶尔有人的脚印和散落的枯萎的枝叶。远处的田畦飘着淡淡的雾岚，隐隐约约出现的村庄传出几声狗吠。女儿摇晃着手中的草茎，不时"喔喔"地喊着，一棵棵树在她的跑动中向身后退去。横向路中的草叶被撞得落下了水珠，在干燥的土地上留下几滴水迹。女儿手中的草茎像一面战旗，她起落的脚步踩得草地咚咚响，惊吓的蚂蚱从草丛中弹出。女儿突然站住，东方的天际透过枝叶的缝隙，太阳从大地母亲的腹中出生。血色染红了半个天空，她仿佛听到新生太阳的呼吸和喊叫，这种特殊的语言融进她的心中。光照耀万物，女儿的手下意识地抚摸身旁的树。当这棵树还是一粒饱满的种子时就埋落在湿润的土地里，它顽强地拱出地面，经受风霜雪雨、四季轮回，一年年把根扎在土地上，长成了今天的大树。女儿像发现了秘密，从树的底部开始，沿着树身向上望去。

太阳升高了，越来越浑圆，这个过程虽然短暂，却展现出生命成长的过程。我走到女儿身边，默默地陪伴着她。女儿脸上的神情异常庄重，在这短暂的瞬间，她好像长大了。

那一天是个普通的日子，在久远的时光中不过是瞬间，初升的太阳将活力和强大的意志烙在一位少年的心中。人的情绪在这里松弛了，人是土地上生长的又一棵树，绿色的血液源源不断地流进人的血管里，使身体增强了免疫力。生命像流浪的风筝，无论漂泊何方，都牵在大地母亲的手中。

在甜水村，我们看见青绿的田野间浮现出一片片村庄，看见扁鹊在山间采药，看见芙蓉花盛开在扁鹊墓前，看见一个人变成一个家族，家族的故事又被写进历史中，一代代讲述。

第十八章

千年南崖村

　　南崖村，当地人称其"南崖（yái）村"，在洪范池镇东南边的大寨山下，村子内有万家街、高家街、崔家街三条街道和十余条胡同。我来到这里时，无意间回头看到守着村庄的土屋，再看一眼，房顶上冒出抚慰人心的轻烟。石头铺满巷子，一直延深至土墙下，台阶上坐着一位老人。他一条腿折起，另一条腿探在地上。他拿起烟斗轻轻地往地上磕了一下，烟斗冒出黄色的烟雾，弥漫在胡同里。南崖村安静、唯美，是一座柔软的村庄。在这里，你那些坚硬的情绪会被融化。

　　那天，阳光格外好，窗格外的树木也变得苍绿，我呼吸着南崖村潮湿的空气走进胡同。不宽的胡同两侧长满杂草，开出黄色的小花。满眼是矮小的房子，一排旧得发黄的土屋进入我的视线，这些房子多是用石头、木块和土建成的。胡同深处寂静无人，不经意间，会在狭长的胡同里经过一座小庙。如今到处都在建设"最美乡村"，大兴土木建设，而南崖村却保留着最初的本色，这

村内土层

似乎不合乎逻辑。但也正因它保留的那份单调，才令人感到古老的美。

巧合的是，我在洪范池镇文化站遇到一位似曾相识的文友，他是文化站长，名叫万肇平。令我高兴的是，他竟然是南崖村万家街人。在他的引导下，我们去南崖村的时间缩短了一半。他热情好客，记忆力极强。沿着光洁的石板路进入村子，我看到一座庙的房体已塌陷，只剩下门面过梁和方形石柱上的对联。上联是"圣神兼优凌云浩气镇乾坤"，下联是"文武双全保汉忠心贯明月"。这是建于清雍正九年（1731）的关公庙。庙内曾雕有壁画，庙前建有过街棚，也就是街道上方搭建棚子被遮起的地方。据村里的老人说，过街棚先后于乾隆十七年（1752）、乾隆五十五年（1790）、嘉庆十一年（1806）被整修过三次，均有碑刻为记。为劝诫赌博之风，庙上刻有光绪年间戒赌碑，村里人把它叫作"卷棚"。卷棚是在东、南、北三个方向都能让行人看得清清楚楚的棚子。从高处看，这座棚子仿佛是卷起檐边的作坊，给人以气派、威风的感觉。它的结构本身就带有一种三维的美感，这种美没有过多的雕饰，却给人一种力量，让人们产生内心的敬畏。

关帝庙，村子里的人们也称之为"三义堂"。刘备、关羽、张飞三人桃园结义的故事在村子里家喻户晓，老人们把关公庙建在村子中央，让高家街、崔家街、万家街的三姓人家融合在一起祭拜关公，学习并传承这种特殊的情谊。万肇平说，他从小听着"刘、关、张"的故事长大，祖辈们就是用这个故事来教育后人讲义气、讲团结、讲和谐。高姓、崔姓、万姓三门，如同南崖村的三座大门，分布在村子的三个点，他们相互影响、相互促进、相互成长，形成稳定的关系。

400多年了，村子里的人们生活在祖先留下的这片土地上，一代代传承下去。村子里的姓氏变动不大，村子里的人口达到鼎盛时期，人们会扛起锄头向外扩散，但始终不会离开老根。土屋是大树，外出的人们是被风吹出去的树叶，树叶始终会归于大地，长出新的生命，这就是人们常说的"叶落归根"。这样一个词用在这排老屋上，我认为最恰当不过了。

我们沿着胡同往前走，那些以石头为地基、用黄土垛成的老房子，正逐个显露出来，很多家都建有土楼，这成为村子里的特色。土楼，是用生土筑墙作为承重系统、两层以上的房屋，在这里甚至在整个中国的民居建筑中也自成风格。我走进土楼院落，这是一座三进三出的老房子，原为三层，现保留有两层。这幢房子用青石做根基，黄土块做墙，房顶覆盖青色小瓦。从东墙到西墙，外墙的屋檐上种满仙人掌、紫色的喇叭花。院子南面开出一块空地，种着白菜、萝卜，白菜叶子绿得发亮。在这座外形简单的建筑里没有美轮美奂的构造，只有延续下来的简约和古朴。

我在路边看到一眼井，石头上写着"井泉兴旺"几个字。这是一座独石井，辘轳把子穿进石头孔中，把上缠绕黄色粗麻绳，绳头处拴着铁链，铁链头上有个铁钩，是用来钩住铁桶把手放入井中的。万肇平打开井盖，唱出一首民谣："三十二道沟，围着一面镜，高家庄用它来救命。一根钩担一条绳，两个瓦罐太轻省，后来换成了大铁桶，累得瓢人都要命，而今吃上了自来水，还是不忘那眼井。"井与村里每个家庭相连，村里人每天吃水、用水都离不开它，如今家家虽已通上自来水，但独石井的故事依然在这座村庄里流传。

独石井是高家街独有的吃水井，它坐落在皋门外向南50米处。井口用一块独石扣住。奇怪的是，高家住在村子最北边，高家人却走上半里路到这里来打水，来回一挑子水就是一里地。据说，这口井里流出的水是甜水，别的井里是懒水。懒水也叫硬水，里面钙盐含量较多。因此，在20世纪60年代，高家人早上起来第一件事就是把缸里的水挑满，自然每日清晨这里都会十分热闹。久而久之，路上沥落的井水使石板路如雨后被冲刷过一样，石板和台阶都被磨成镜子般光亮，路面磨出的石花十分惹人喜爱，有不少喜欢艺术的人将石花做上底座收藏起来。

我在井边不敢往下看，脑子里浮现出打水人的动作：他们两腿叉在井沿两边，用力将水桶拔上来。明朝至今，这口井的井水从未枯竭。对于井，人们有满腔的热爱，下地干活口渴了，跑到井口前，拿起舀子，咕咚咕咚喝上一顿泉水，身体会立即生出力气。我听到井里的水，似乎有石头或沙粒落入水中，发出灵动的声音，这声音里有一种空灵感和神秘感。独石井是安静的、自然的，

独石井

南崖村的人们世世代代与它牵连在一起，唱着民谣，讲述着它的历史故事。

独石井既是自然史，也是民俗志。在明朝末期，村子里有位高家大力士，一般人挑两罐水，他却能挑四罐，后来他因为力大无穷而威震一方，这才有了东崀峪的崛起。张家、崔家、万家，以及西崀峪的各个庄户都给予高家大力支持。高家修桥、建庙、筑路、加固城池，使村庄建设得到了提升，高家名气享誉四方。也因高氏一族迁此处最早，所以这里曾被称为"东崀峪高家庄"。

高氏祠堂屋檐下立有一块古碑，上书"高氏祠堂碑记"。据碑记记载，高柴是南崖村高氏族人，字子羔，他为人憨直忠厚，身高不满五尺，拜于孔子门下。子路在季氏那里任职，举派高柴去费城做宰相。孔子说："子羔老实憨厚，怕不能胜任，你不能害了人家高家的儿子啊！"鲁哀公十五年，卫国发生政变，高柴急忙逃离卫国，并劝子路不要回宫。子路拒绝他的劝阻，结果回宫遇害。高柴拜孔子为师后，遵循高氏族规，从未违反过礼节。

后来，高柴到卫国担任狱吏一职。他从不徇私舞弊，有仁爱之心，受到孔子的称赞。高柴娶妻生子后，将儿子改为柴姓，其子也被称为柴式的祖先。据《七十二贤小故事》记载，高柴出生于齐国柴郡的某个村子，因村旁有条柴汶河，父亲为他起名高柴。

距离兰陵县刘堡子村500米处，有一处商代文化遗址，遗址中建有高柴墓，碑文由高柴世孙弟子所立，左边刻有"宋封共城侯"，右边刻着"唐封共城伯"，正中间写"先贤高子柴字子羔之墓"。1979年，山东兰陵县将高柴墓列为重点文物保护单位。

密密麻麻的文字落在石碑上，落在纸间，又流传在人们的讲述中。虽然这些资料很零碎，但是几千年前究竟发生了什么，高柴是否是南崖村高家人，为什么被葬在山东兰陵县，所有的疑惑都在《兰陵县志》中得到解释。高柴为兰陵书院的创办者，他在那里传授儒家文化。或许，他葬在那里的真正原因并不像大多数人想象的那样，也许他是在兰陵书院老去，弟子们将他葬在那里。至于高柴是哪里人并不重要，重要的是他站在历史的衔接点上将儒家文化传承，也将其忠孝的精神传之永久。在落笔的瞬间我才恍有所悟，为何先辈们对高柴都敬仰有加。将高柴列为高氏族人，是希望高家后人效仿学习。

　　根据记载，春秋时期，高柴广收弟子，创办高柴书院，传播仲尼之道。他的弟子们毕业后，又在各地创办高柴书院分校。也就是说，根据高氏祠堂碑中所记，高柴是南崖村人，因此高家无论大小都以孔氏辈分来论。由此，我产生一种推测：有可能高柴来过此地，也有可能是高柴的弟子在此创办书院，书院名字为"高柴书院"。"一日为师，终身为父"，他们以孔子为师，同门学生以师兄论称，所以村内的高氏学生称孔子为父，同时也彰显出对孔子的尊重。因此，我们不难理解，为什么千百年来南崖村高家的辈分以孔家辈分来论了。南崖村高氏族人继承高柴的仁德，并将其作为做人的标准。随着时间的推移，阳光斑驳地洒在长满苔藓的井边，房屋和树木倒映在水中，散发出久远的味道。也许，只有井中的泉水才能证明那些发生过的人与事。

　　我伫立在高家老院外面，它和高柴一样，从不拒绝凡人的探究。尽管我

老房子

从未见过这位高人，但是我仿佛能感知他的存在。我觉得那些跨越千年的人与事，在这里都化作不同寻常的力量。高柴不是简单的教书匠，而是这漫长的岁月中儒家文化的传承者。古井悠悠，见证着无数个朝代的更替，我在心中猜测，南崖古村或许在这里已经有3 000年了。

村子三面青山环绕，西有云翠山横卧，东有大寨山耸立，南面与大寨山连为一体，村西北角的扈泉和墨泉汇成涓涓流水流入浪溪河。明代文学家于慎行在南崖村扈泉边留下这样的佳作：

> 奇峰涵秀景，绝境剧灵泉。
>
> 远脉遥能海，平流半倚天。
>
> 歘惊银汉落，隐似白虹悬。
>
> 喷雪图青壁，飞珠散紫烟。
>
> 风恬声未歇，月出影相连。
>
> 濯缨同调在，流水共潺湲。

崖头处进出清泉，泉水如喷雪般飞溅在青石壁墙上，落下的一刻如彩虹般美丽。泉水在山涧中缓缓流淌，这是多么超凡脱俗的地方，一股清泉透露出这里的高洁。朋友万肇平说，泉水最大的时候，人们可以在很远处听到呼噜声响，气势磅礴。

居住在南崖村的人们越来越沉迷于泉水灵性的跃动。同样，于慎行在附近建立东流泉书院，高柴在南崖村创办高柴书院并不是偶然，都因这里是最具灵性的地方。

我第一次到南崖村就深深地喜爱上它。它给我的第一印象就是超凡脱俗。北方的古村院建筑不同于南方，灰色的城门、精美雅致的雕花、古朴的门洞与灰瓦，以及浑厚高大的柱台，都似乎有着固定的位置，千百年来屹立在村庄深处，吸引人们不远百里来到这里。那天，阳光穿过婆娑的树叶，一缕青烟在空中缭绕。我来到南崖村文昌阁大门前，几个大字跃于眼前，大字下面的拱形门洞上雕刻着两朵浪花，它们交叉在一起，泛出黄色的波纹，召唤着逝去的岁月。万肇平说，从古到今，村子里涌出大量的文人、秀才、武举，当年的东阿县令上任后第一件事情就是到这里来祭拜文昌帝君。文昌阁在村子西北角，下面是老村子圩子墙上的一座石门，石头拱门修建于清康熙二十一年（1682），是全村人进出的唯一通道，村里百姓也叫"它城门"。文昌阁和城门连为一体，阁内有根据村里老人的口述仿造的塑像。城门下的青石板路已经被时间磨得发出亮光，雨滴落在青石板上发出叮咚的声音，这声音顺着蜿蜒的石板路如蛇行般流向远方。

人们顺着拱门的地势修建河道，每逢雨季，整座阁门就成了一座桥梁。雨大时，为了避免水灾，城门承担起另一种作用，成了泄洪水道。石板路水道是南崖村的另一种美丽，它从山林中的土屋旁穿过。令人惊讶的是，千年前的石板路一直延深至高家街。街道西南隅有一块30米的水冲要地，上面铺满鹅卵石。据村里老人讲，这条路是为了惩罚做错事的人。如果村子里有违背村规、做出有伤道德之事的人，族长就罚他修石板路，这是为了告诉后人要做有德行的人。石板路对于我们来说是南崖村的一处风景，但是对于村民们来说却是村子的希望。

在这些对石板路的描述中，既有敬畏，又有赞美，这也准确地反映了南崖村人的复杂情绪。一方面，他们赞美石板路；另一方面，他们又痛恨那些破坏家风、族规的"小丑"。人们对老一辈的族规产生敬畏，甚至狂热地崇拜。因此，南崖村每条街道有街约，各个族人有族约，每户人家还有家约。即便是有严格的条约，高家人还是犯了族规。

村子有口大坑，据说，坑挖于乾隆年间。起初，此地村里人搭台唱戏的场所，只因高家连年出丑事，连续几年死了几个年轻人，愁坏了族长和街人。族长召集乡亲们想办法破除这些罪过，他们商计后，决定请风水先生占卜一卦。风水先生用手指画了一个大圈，让村民们把此地挖出一个大坑，变成用来存水聚财的地方。又在圩子墙正南建一座石板桥，一来让高老太太方便看戏，二来给村民们提供了南北方向便利的交通。很快，在村民们的共同努力下，石板桥建成了，它上通南北，下通东西，桥身用大型青石叠砌而成。这座桥历经风霜，却从未损坏。由此，这座桥成为村子里最早的立交桥。

　　我站在桥上，看到远处芦苇丛生，桥旁的大树底下堆着一堆石头，上面写着一行文字，记录着南崖村人前所未有的才智和力量。我与那些建桥人的灵魂交流着、一同感悟着，桥上的视野似乎更加明亮和空旷。我和友人一同踏出城门，风从门洞中穿过，那些被岁月掏空的树洞，此时正悄悄地在大地上发生变化。我似乎可以听到阳光下植物生长的声音，我和城门相视一笑，然后彼此消失在对方的视线里。

图书在版编目（CIP）数据

古村落：寻幽探秘泺上行 / 吕仁杰著. — 济南：
济南出版社, 2021.7
　（济南故事 / 杨峰主编）
　ISBN 978-7-5488-4722-9

　Ⅰ . ①古… Ⅱ . ①吕… Ⅲ . ①村落—介绍—济南
Ⅳ . ①K925.25

中国版本图书馆CIP数据核字（2021）第115426号

古村落：寻幽探秘泺上行
GUCUNLUO:XUNYOU TANMI LUOSHANGXING

出 版 人：崔　刚
图书策划：李　岩
责任编辑：史　晓　张冰心
特约编辑：陈　新　刁彦如
封面设计：张　金
出版发行：济南出版社
地　　址：济南市市中区二环南路 1 号　250002
邮　　箱：ozking@qq.com
印 刷 者：济南新先锋彩印有限公司
经 销 者：各地新华书店
成品尺寸：170 mm × 230 mm　1/16
印　　张：11.25
字　　数：158千字
印　　数：1—3 000册
出版时间：2021年7月第1版
印刷时间：2021年7月第1次印刷
书　　号：ISBN 978-7-5488-4722-9
定　　价：62.00元

济南

JINAN